なるにはBOOKS
63

社会保険労務士になるには

池田直子 著

ぺりかん社

はじめに

みなさんは、「社会保険労務士」って知っていますか。ちょっと耳慣れない名前かもしれません。さまざまな職業のなかには、弁護士や税理士などのように「○○士」という名称の専門家がいますが、社会保険労務士も高度な専門性をもつ資格職業のひとつです。ほかの「○○士」と比べて名前が長いのは、「社会保険」と「労務」という二つの違《ちが》う分野の仕事をするからです。

くわしくはこれから話していきますが、「社会保険」とは働く人が加入する健康保険、厚生年金保険などの社会保障制度で、「労務」とは働く人の労働環境《かんきょう》の整備や給与計算、福利厚生業務などをさします。

日本は、ほかの国と比べても遜色《そんしょく》ない社会保障の制度が整っています。ただ、経済環《かん》境《きょう》や人口構造の変化にともない制度の変更《へんこう》が多く、複雑でわかりにくい仕組みになっています。また、労務に関しても、働く人たちの労働環境《かんきょう》などをよりよくするための制度の改正がひんぱんに行われるようになっています。

改正が多くわかりにくい仕組みであっても、社会保障制度や労働法制は国が中心となってつくっている安心のためのセーフティーネット、助け合いの仕組みです。こうした仕組みを活用することで国民一人ひとりが安心して暮《く》らせるのです。

そのため、難しくて変化が多い社会保障制度を一般《いっぱん》の人に代わって理解して、その人に必要な情報を伝えたり、手続きをしてあげたりすることができる、社会保険労務士という仕事に存在意義があります。

社会保険労務士という仕事は、社労士である私自身が「ありがとう」とお礼を言われながら報酬《ほうしゅう》までもらえる仕事であり、自分たちのがんばりが会社と従業員のしあわせにつながる仕事だと実感しています。

本書では、社会保険労務士の仕事の概要《がいよう》や実際に行っている仕事の内容、その大変さやおもしろさを紹介《しょうかい》していきます。ぜひ、この本を読んで、社会保険労務士になり、自分のキャリアに活かし、周囲の会社や人のために役立ててほしいと思います。

なお「社会保険労務士」という名称《めいしょう》は長いので、縮めて「社労士」と呼ぶことも多くあります。本書でも随時《ずいじ》「社会保険労務士」を「社労士」と使わせていただきます。

著　者

社会保険労務士になるには　目次

［3章］

なるにはコース

※本書に登場する方々の所属、年齢などは取材時のものです。

［装幀］図工室　［カバーイラスト］ハラアツシ　［本文イラスト］レアグラフ 山本 州　［本文写真］取材先提供

「なるにはBOOKS」を手に取ってくれたあなたへ

「働く」って、どういうことでしょうか?

「毎日、会社に行くこと」「お金を稼《かせ》ぐこと」「生活のために我慢《がまん》すること」。

どれも正解です。でも、それだけでしょうか? 「なるにはBOOKS」は、みなさんに「働く」ことの魅力《みりょく》を伝えるために1971年から刊行している職業紹介《しょうかい》ガイドブックです。

各巻は3章で構成されています。

[1章] ドキュメント 今、この職業に就いている先輩《せんぱい》が登場して、仕事にかける熱意や誇《ほこ》り、苦労したこと、楽しかったこと、自分の成長につながったエピソードなどを本音で語ります。

[2章] 仕事の世界 職業の成り立ちや社会での役割、必要な資格や技術、将来性などを紹介《しょうかい》します。

[3章] なるにはコース なり方を具体的に解説します。適性や心構え、資格の取り方、進学先などを参考に、これからの自分の進路と照らし合わせてみてください。

この本を読み終わった時、あなたのこの職業へのイメージが変わっているかもしれません。「やる気が湧《わ》いてきた」「自分には無理そうだ」「ほかの仕事についても調べてみよう」。

どの道を選ぶのも、あなたしだいです。「なるにはBOOKS」が、あなたの将来を照らす水先案内になることを祈っています。

1章

ドキュメント

社会保険と労務管理の専門家として

ドキュメント 1 個人で開業した社労士

顧客との信頼関係 コミュニケーションを大事に

内藤社会保険労務士事務所《ないとうしゃかいほけんろうむしじむしょ》
内藤《ないとう》剛識《よしのり》さん

内藤さんの歩んだ道のり

神奈川《かながわ》県川崎《かわさき》市出身。駒澤《こまざわ》大学在学中に社労士資格を知り受験勉強を開始。大学卒業後に仕事をしながら23歳《さい》で社労士資格を取得。その後、経営コンサルティング会社で経営や人事コンサルティングに関する経験を積み個人で事務所を開業。現在は職員とともに中小企業《きぎょう》の社会保険手続きから就業規則の作成、人事・労務の相談を中心に、助成金の申請《しんせい》やセミナー講師など、幅広《はばひろ》い業務を手がける。

熱血な面と緻密《ちみつ》な面

神奈川県川崎市にある小田急線《おだきゅうせん》の新百合《しんゆり》ケ丘《がおか》駅前に事務所を構える内藤さん。「内藤社会保険労務士事務所」は、所長の内藤さんと職員3名の4人体制です。

「社労士は人材に関するお悩《なや》みを解決するプロフェッショナルなんです」と話す内藤さん。

内藤さんは「人の力や、やる気を引き出して、その会社の成長や問題を解決すること」に熱意をもっています。それと同時に手続き業務に対する職員への指示や管理のようすには緻密《ちみつ》さを感じました。内藤さんは、熱血な面と緻密《ちみつ》な面をあわせもつ人です。

平日は朝から夜遅《おそ》くまで、内藤さんはお客さまのために目まぐるしく活動しています。また、お客さまとのゴルフや飲み会などを企《き》画《かく》するなど、ただ単に仕事をするだけでなく、仕事を楽しみながらお客さまと職員のために奮闘《ふんとう》しています。

休日に中学生の軟式《なんしき》野球のコーチとして一日中子どもたちと過ごしたり、時間があれば、バイクで遠出をしたり、仕事も趣味《しゅみ》も全力投球というバイタリティーのある人です。

現在の仕事は、中小企業《きぎょう》に対して、社会保険関係の手続き代行を中心に、就業規則などの規程の作成や賃金や評価のコンサルティング、助成金の申請《しんせい》などをしています。また、時期によってはセミナーなどの講師もしているそうです。

将来性から社労士資格をめざす

家庭の事情で中学3年生の時から、朝3時に起きて新聞配達をしつつ、クラブ活動もしていたという根性の持ち主の内藤さん。高校時代の恩師の勧めで大学に進学しましたが、大学生活は、いろいろなアルバイトを掛《か》けもちしながら学費を稼《かせ》ぎ、夕方から大学で勉強する毎日でした。

そんな内藤さんが社労士の資格を知ったのは、大学2年生の夏のこと。大学の生協に並《なら》ぶ資格のパンフレットのなかに社労士のものを見たのがきっかけでした。その当時の内藤さんは「自分の実力では就職が難しいのではないか。何か手に職をつけよう」と思っていました。そんな時に社労士資格のパンフレットを見たそうです。その時まで内藤さんは社労士という資格を知らなかったと言います。

内藤さんが見たパンフレットには、「社労士は年金や労務の専門家」と書いてありました。その時の内藤さんは、「年金はこれからの高齢化《こうれいか》社会では必要な知識で、世の中のニーズも高い。労務問題もこれから問題が増えるのでニーズはさらに高まるだろうからよい資格だ」と考えました。また、そのパンフレットの開業社労士のインタビューには年収2000万円と書いてあったそうです。その時、内藤さんは悪くないと思い、将来性のあるこの資格の勉強を始めた、と話してくれました。

合格までの道のり

大学2年生の夏から勉強を始めた内藤さんは、社労士試験のための専門学校に通学して勉強しました。苦学生の内藤さんは学費がいちばん安い専門学校を選び勉強したそうです。

まず、大学3年の時に1回目の受験をしましたが失敗。その後、大学4年生の時は就職活動と両立が難しく受験できませんでした。

内藤さんの事務所は所長の内藤さんと職員３名の４人体制

大学を卒業し、ＪＡ（農業協同組合《のうぎょうきょうどうくみあい》）に就職しましたが、社会人１年目の年も受験ができずに終わりました。その後内藤さんはＪＡを退職して、半年ほどアルバイトをしながらしっかり勉強して受験したところ、今度は合格することができました。社労士の勉強を始めて４年目の合格でした。

自宅で社労士事務所を開業

23歳《さい》で社労士の資格を取得した内藤さんは、合格後、30歳《さい》までは司法試験への合格をめざしました。しかし、結婚《けっこん》をきっかけに司法試験合格をあきらめ、経営コンサルタント会社に就職しました。経営コンサルタント会社に勤務した４年のあいだは、全国の中小企業《きぎょう》５０００社ほどに対して、人事・労務・法務をはじめ、売り上げアップや従業員のやる気アップになる仕組みを提供していました。また、「この会社に勤めているあいだに、1年間ほど社労士事務所に出向したことも大事な経験となった」と話す内藤さん。2004年には、その時の経験を活かし、自宅で社労士事務所を開業しました。開業当初は、経営コンサルタント会社時代に付き合いのあった会社が顧《こ》問先《もんさき》になってくれたそうです。内藤さんは経営コンサルタント会社時代にしっかり仕事をしていたので、その仕事ぶりを評価してくれたお客さまが社労士として開業した時に顧問《こもん》先《さき》になってくれたのだろうと思いました。

開業は、賃貸住宅だった自宅の四畳半《よじょうはん》の部屋《へや》を事務所にして始めたそうです。2008年には自宅兼事務所を新築し、その後、仕事がますます増えて、翌年に事務所を移転。2015年には現在の小田急線の新百合ヶ丘駅前の法律事務所などが入るオフィスビルに事務所を移転しました。内藤さんは「通常の社労士業務はもちろん、感情を刺激《しげき》する独自の人材教育や売り上げアップ・業務効率化の具体策の提案や実行もしています。そして、〝人〟に関して総合的な指導もしています」と仕事の姿勢や特徴《とくちょう》を話してくれました。

さまざまな仕事の内容

内藤さんに仕事の内容を聞いてみました。「事務所全体では、社会保険手続きが6割程度、就業規則などの規程の作成やコンサルが2割程度、助成金の申請《しんせい》が2割程度」と話してくれました。そのほか、時期によってはセミナーなどの講師の仕事が増えることもあるそうです。

社会保険手続きは職員の人たちが中心に行

開業当初は、自宅の四畳半の部屋を事務所にしていた

い、内藤さんは全体管理とチェックをしています。そのほかの仕事やお客さまの対応は、内藤さんが中心になって対応しています。

○社会保険手続き

顧問先《こもんさき》の健康保険や雇用《こよう》保険などの社会保険手続き業務はボリュームがありますが、「常に正確性を意識している」といいます。

内藤さんは職員の人たちが手続きした内容を毎日確認して最終的に申請《しんせい》手続きを進めています。手続きが単なる作業にならず、その作業の意味や手続きの対象となる顧問先《こもんさき》の従業員のことを考えながら確認しているそうです。内藤さんは自分の考えをもち、間違《まちが》いがないように手続きをしていることがわかりました。

○就業規則などの規程の作成

就業規則は会社で働くうえでのルールがまとめられています。その就業規則は法律で従業員が10人以上になると作成して役所に届けなければなりません。内藤さんは就業規則を作成する時に会社と従業員が争う「労使紛《ふん》争《そう》」が起こらないように「事前に法律や気を付けるポイントを顧客《こきゃく》に説明し、リスクヘッジができるようにしている」そうです。内藤さんは会社を守ること、事前にリスクを会社へ伝えておくことを重要視していました。

○賃金・評価のコンサルティング

賃金制度や評価制度は従業員のやる気を引き出して、会社の売り上げをあげるための大切な仕組みと考えている内藤さん。その内藤さんはお客さんから依頼《いらい》があると中小企業《きぎょう》が使いやすいものを運用重視でつくるそうです。中小企業《きぎょう》の場合は「人事制度のような細かな基準やルールを運用するのが大変で適していない」と内藤さんは運用重視で、人のやる気を引き出すことに重点をおいて賃金や評価制度をつくっています。

○人事・労務相談

内藤さんにくる相談は、人に関する相談や法律に関する相談など多岐《たき》にわたります。相談を受けるには専門的な知識が必要なのは大前提です。しかし、内藤さんは専門的な知識以前にコミュニケーションをしっかりとることを大事にして、顧客《こきゃく》の話をよく聞いて相談に対応しています。

社労士は顧客《こきゃく》の相談にアドバイスをするだけの場合がほとんどですが、内藤さんは、「人」に関する問題を解決するために必要だと思えば、お客さんの従業員との面談もすることがあるそうです。

○講師

内藤さんは、経営者を対象としたセミナー

やる気を引き出すための研修などの講師をしています。開業間もないころは社労士受験の専門学校の非常勤講師を6年間ほどやっていたそうです。そのほか金融《きんゆう》機関や保険会社との提携《ていけい》セミナーなどもしていました。また、内藤さんは自分でセミナーも企画《きかく》します。たとえば、企画《きかく》するセミナーはお客さまに向けのものがありますが、開業する社労士に向けた「開業塾《じゅく》」などもあります。開業塾《じゅく》は社労士が活躍《かつやく》できるようになるために企画《きかく》したそうです。

○助成金の申請《しんせい》

内藤さんは助成金の申請《しんせい》業務もしているそうです。助成金は種類が多く、会社にとっては国などからお金がもらえる貴重な仕組みです。助成金は申請《しんせい》書類の準備や作成が大変なものも多いですが、内藤さんは顧問先《こもんさき》が助成金がもらえる基準を満たしているのであれば、積極的に申請《しんせい》をしています。

一週間の仕事のようす

顧問先《こもんさき》への訪問のため外出が多い内藤さん。具体的な一週間の仕事のようすを聞いてみました。

【月曜日】午前中、プライベートで母親の定期診察《しんさつ》のため大学病院へ付《つ》き添《そ》い。病院での待ち時間に電話やメールで顧客《こきゃく》対応や職員へ指示／15時～顧客《こきゃく》訪問（打ち合わせ）。従業員数が多い会社へ、社会保険手続きの事務連絡《れんらく》や書類の受《う》け渡《わた》しのための定期訪問。あわせて、労務相談も受ける。内容は入社したばかりで勤務態度が悪く、ほとんど出勤しない社員が退職したいと言ってきた場合の対応を相談される／18時～事務所に戻《もど》り事務処理。

助成金申請書《しんせいしょ》作成、職員が行った社会保険・雇用《こよう》保険の入社・退社の手続きのチェック。顧客《こきゃく》から届くメールでの相談に対する回答などを行う。

【火曜日】9時〜職員と打ち合わせ／11時〜顧問先《こもんさき》へ訪問／12時30分〜事務所に戻《もど》り昼食をとり、社会保険手続きのチェックとつぎの打ち合わせの準備／13時〜顧問先《こもんさき》訪問のため事務所を出発。顧問先《こもんさき》で打ち合わせ／16時〜事務所に戻《もど》り事務処理。

【水曜日】9時〜職員と打ち合わせ／10時30分〜顧問先《こもんさき》で打ち合わせ／13時、事務所に戻《もど》る／13時30分〜顧客《こきゃく》が来社、就業規則打ち合わせ／16時30分〜事務処理。

【木曜日】9時〜事務処理／12時〜顧問先《こもんさき》を訪問。顧問先《こもんさき》の従業員3名と個人面談を実施《じっし》／16時〜顧問先《こもんさき》で打ち合わせ／19時〜事務処理。

【金曜日】9時〜事務所で事務処理とチェック／11時〜社内研修（職員への研修）／12時〜顧客《こきゃく》来社、助成金の打ち合わせ／14時30分〜顧問先《こもんさき》を訪問、打ち合わせ／17時〜事務所に戻《もど》り事務処理。

　内藤さんは、毎朝、その日の仕事をノートに書いて確認をしています。基本的に朝夕は事務所で職員の人たちの仕事の確認や指導をしながら、自分自身の事務的な仕事をしています。日中は顧問先《こもんさき》との打ち合わせをしますが、つぎの打ち合わせまでに時間があれば事務所に戻《もど》り仕事をしています。このように一週間をみるとたくさんの仕事を着実に進めているようすがわかりました。

　休みの日の過ごし方を聞いたところ、バイクが好きで時間があれば箱根《はこね》まで走りに行ったりするそうです。また、中学生の軟式《なんしき》野球のコーチをしているそうで、休みの日も練習がある時は朝から夕方まで指導をするそうです。遠征《えんせい》に行く時は帰りが夜遅《おそ》くになる時もあるとのこと。内藤さんは仕事だけでなく休みの日も活動的だと感じました。

信頼《しんらい》関係を築くことの大切さ

内藤さんに今まで仕事をしてきたなかで印象深いエピソードをお聞きしました。まず、大きな失敗について話してもらいました。

開業して2年目のころ、内藤さんは顧問先《こもんさき》の助成金の申請《しんせい》期限を忘れていて申請《しんせい》できなくなってしまったことがあったそうです。痛《つう》恨《こん》の失敗。助成金は、ほかの手続きの申請《しんせい》と違《ちが》い、どんな理由であっても申請《しんせい》期限を過ぎると申請《しんせい》は受理されません。そんな神経を使う仕事の助成金ですが、内藤さんはそのことを十分にわかっていながら申請《しんせい》を忘れてしまいました。

内藤さんは「完全に自分の責任。この事実をすべて認め素直に謝るしかない」と思い顧《こ》客《きゃく》へ「ほんとうに申しわけございませんでした。顧問契約《こもんけいやく》を解除していただくことで責任を取ります」と顧客《こきゃく》の社長に素直に伝えたところ、もらえるはずのお金がもらえなかったにもかかわらず、その社長は「今度からちゃんとやってくれればいいよ」と言ってくれたそうです。

内藤さんにとって大きな失敗の話ではありますが、それ以上にお客さまとは、しっかり信頼《しんらい》関係が築けていたと感じました。

そして、内藤さんは講師をしている時にうれしさを感じると話をしてくれました。セミナーで自分の話を聞いた人の反響《はんきょう》、「聞いてよかった」「勉強になった」「ためになった」というコメントがあるとうれしく感じます。

また、内藤さんは専門学校で社労士試験の受験講座の非常勤講師をしていた時にも、相手が理解してくれるということがうれしかったそうで、人の役に立っていると実感する時に喜びや満足感を感じるように思いました。

つらい気持ちになる瞬間《しゅんかん》も

内藤さんがつらいと感じるのは、顧問先《こもんさき》で業務上横領などの懲戒《ちょうかい》処分をするような時です。

「社長が信じていた従業員に裏切られたと思う気持ち。生活が苦しくて会社のお金に手を出してしまった従業員の状況《じょうきょう》。それぞれのつらさを感じてやるせない気持ちになります」


と内藤さんは話をしてくれました。そのほかに、「会社の業績が悪く退職勧奨《かんしょう》や解雇《かいこ》などの説明に立ち会う時」や「法律の不備があることで顧客《こきゃく》を守れない時」などはつらいそうです。

くわしく話を聞いてみると、内藤さんはたとえどんなに勤務態度が悪い社員であっても、なかなか解雇《かいこ》できない現状の法律に不備を感じるそうです。また、そんな従業員が労働組合に駆《か》け込《こ》んだ結果、従業員側が守られることにも、内藤さんは理不尽《りふじん》さを感じて、つらくなるそうです。

社労士になってよかったこと

内藤さんが社労士になってよかったと思うことは、たくさんの経営者に会えること、そして、それが自分にとって勉強になることだそうです。また、「顧客《こきゃく》であっても対等な立場で接してもらうことができる」ことがよいと話す内藤さん。その意味を聞いてみると、「私は顧客《こきゃく》とサービスを提供する者は対等ではないと思っています。でも、社労士は専門家ということで、顧客《こきゃく》が対等に接してくれます」と話してくれました。そして、社労士は仕事をした相手から「ありがとう」と言ってもらえることや、自分で責任を取るぶん、自分の好きな方針で好きなことができることも内藤さんが社労士になってよかったと思っていることだそうです。

また、内藤さんに現在の収入について聞いたところ、「同世代の人の一般的な収入の倍以上は得られてます」と話をしてくれました。大学時代に見た社労士のパンフレットにあった年収は達成しているようでした。

社労士をめざす人へ

社労士に必要な能力について聞いてみました。必要なのは「コミュニケーション能力」「ヒアリング能力」「事務処理能力」と内藤さんは考えています。

一つ目のコミュニケーション能力は、「お客さまと会話がちゃんとできる、お客さまと言葉のキャッチボールがきちんとできること」という内藤さん。そして、しっかりとしたコミュニケーション能力があると顧客《こきゃく》からの質問に対して、的を射た回答ができるようになります。そして、内藤さんは、あいまいな回答ではなく、きちんと明確に回答を伝えることができることも大事な能力だと思っています。

二つ目は話を聴《き》く力、ヒアリング能力が社

労士に必要だという内藤さん。問題を解決するためにはまずは状況《じょうきょう》をきちんと聴《き》くことが重要なので、社労士はヒアリング能力が必要だと考えます。そして、改善策を考える力、それを説明する力も必要だと内藤さんは話してくれました。

三つ目の社労士に必要な能力は「事務処理能力」です。内藤さんはデジタル化が進んでも事務処理はなくならないと考えています。内藤さんは中小企業《きぎょう》が簡単にデジタル化するのは難しいと考えているので、ミスのない事務処理能力が必要だと話してくれました。

社労士に向いている人

内藤さんは社労士に、向いている・向いていないというのはないと思っていて、「社労士業務は種類もやり方もいろいろあるので、その人のタイプにあったものをやればいい」と考えます。

たとえば、細かな作業（黙々《もくもく》とやる作業）が好きな人は資格を活かして、事務手続きを中心とした勤務社労士などをやり、また、人と接することが好きな人は顧問先獲得《こもんさきかくとく》の営業や顧問先《こもんさき》訪問でお客さまの相談に乗るような仕事をすればよいと内藤さんは考えます。

また、社労士の資格は結婚《けっこん》や妊娠《にんしん》・出産、子育てなどのライフプランの変化の多い女性に勧めたいと思っているそうです。社労士の仕事は、ライフプランに合わせて仕事がしやすく、仕事が選べます。

「まわりには、子育て中だから量を減らして仕事をしている女性社労士もいます」と話してくれました。

今後の目標や抱負

内藤さんに今後の目標や抱負《ほうふ》を聞いたところ、「事務所を大きくしたい、ビジネスを拡大したいという考えはない」とのこと。内藤さんは「自分の想いを叶《かな》える、納得した仕事をしたい」と考えているそうです。

今までも自分の好きなことをやってきた、という内藤さん。ゴルフコンペを開催《かいさい》したり、異業種交流会、仕事のマッチングも考えた顧《こ》問先《もんさき》同士の飲み会などを開催《かいさい》してきました。内藤さんはこれからも好きなことを自分で決めてやっていきたいと話してくれました。具体的には、「お客さまといっしょに楽しめるような勉強会やイベントを開催《かいさい》したい」そうです。これからも人の輪を広げていきたいと話してくれました。

そして、内藤さんは「職員たちに社内勉強会の開催《かいさい》や外部の研修への参加など勉強する環境《かんきょう》をつくりたい」そうです。内藤さんは職員たちに仕事を通じて成長してほしいと思っています。職員たちが成長するためには「刺《し》激《げき》」が大切だと言い、「職員たちが研修などの刺激《しげき》で日々進化してほしい」と熱く話してくれました。

何ごとにも積極的で情熱的な内藤さん。これからもいろいろな刺激《しげき》を受けて進化する内藤さんが楽しみです。

ドキュメント 2 社労士法人代表の社労士

多くの働く人が楽しく仕事ができる環境をつくりたい

社会保険労務士法人《しゃかいほけんろうむしほうじん》
名南経営《めいなんけいえい》
大津章敬《おおつあきのり》さん

大津さんの歩んだ道のり

愛知《あいち》県出身。多くの人が楽しく仕事ができる環境《かんきょう》づくりを志し、早稲田《わせだ》大学在学中に、人事コンサルタントになるために社会保険労務士の資格を取得。新卒で名南経営に入社し、代表社員を務める。労働関係法令の知識を活かして、従業員と企業《きぎょう》の双方《そうほう》が「この会社でよかった」と思える人事労務環境《かんきょう》を実現するコンサルタントとして活《かつ》躍《やく》。人事労務に関する著書や講演も多い。

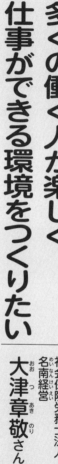

仕事も趣味《しゅみ》も大事に

名古屋《なごや》を中心に経営を総合的にサポートする専門家集団「名南コンサルティングネットワーク」の人事労務部門「社会保険労務士法人 名南経営」の代表社員である大津章敬さんは、何を聞いても答えてくれそうな雰囲気《ふんいき》をもち、テキパキとした対応ができる人。その一方で、映画が趣味《しゅみ》で時間があれば毎週でも映画館に行くという、とかく専門家にありがちな、公私の区別なく働き続けてしまう仕事バリバリ人間ではなく、生活や自分の時間も大切にする人です。

現在は主に、顧問先《こもんさき》の企業《きぎょう》の「人に関するさまざまな相談事」にていねいに応えながら、人事や賃金のコンサルティング業務を行っています。また、経験を活かして数々の書籍《しょせき》を執筆《しっぴつ》し、全国でセミナーの講師も多数手がけています。講演回数は年間１００回以上になった年もあるという多忙《たぼう》な毎日を過ごしています。

安心して働ける環境《かんきょう》をつくりたい

生物が好きで、将来は理系の道に進もうと考えていた大津さんですが、生家が名古屋市内で浴衣《ゆかた》の手染め工場を営んでおり、幼少期から、工場で働いている身近な人たちのようすを見ながら育ち、自分自身も手伝《てつだ》いをする毎日でした。「働くこと」や「働く人」に対する関心がもともと高かったのですが、高校時代に社会の先生が話してくれた労働問題をきっかけに、つぎのように考えるようになったそうです。

「長い人生のなかで仕事が占《し》める割合は大き

い。その時間が不幸せだったり、楽しくないものだったら、人生自体も後悔《こうかい》が多いものになってしまう。多くの人が安心して、楽しく仕事ができる環境《かんきょう》をつくれないものか」

こうして進路を変更《へんこう》することにしましたが、具体的な実現方法まではわからなかったので、とりあえずは弁護士をめざすことに。

大学の学部は法学部を選び司法試験の勉強を始めましたが、多くの先輩《せんぱい》の話を聞くなかで、弁護士の仕事は起きたトラブルの処理のように感じたそうです。しかし、「そもそも自分がやりたかったのはトラブルの解決ではなく、トラブルが起きずに安心して働けることができる環境《かんきょう》づくり」だと思っていた大津さん。

そんな時「人事コンサルタント」という仕事を知り、関連する資格として社会保険労務士という資格があることを知りました。それから社会保険労務士の試験勉強にはげみ、大学3年生の時にみごと合格。卒業後は、人事コンサルタントをめざして、現在の会社に入社。そこで、人事コンサルティングの師匠《ししょう》となる小山邦彦《こやまくにひこ》さんに出会うことになりました。

未経験でも積極的に取り組む

新入社員初年度は、将来を見据《みす》えた新人研修の意味で経営計画の策定など、幅広《はばひろ》いコンサルティング業務を行う部署で業務に従事し、2年目に人事労務部門へ異動。社会保険労務士の業務を知るために、給与《きゅうよ》計算や手続き業務にもたずさわりましたが、「仕事の大半は、人事コンサルティングを行う小山さんのかばん持ちとして同行することでした。20歳代《さいだい》前半から人事コンサルティング業務を徹底的《てっていてき》に学ぶことができたのは、非常に恵《めぐ》まれた環《かん》境《きょう》だったと思います」と言う大津さん。

その後、人事労務コンサルティング、人事労務相談、セミナー・研修講師、書籍《しょせき》そのほかの執筆《しっぴつ》など、仕事をする機会があれば、未経験であっても積極的に取り組んだそうです。

「お客さまから、自分がくわしくない分野の相談をいただいたら、その週末にその分野の本を集中して5冊ほど読んで、週明けには簡単なセミナーができるくらいになるような行動をくり返しました」とのこと。

専門家として積極果敢《かかん》に取り組む姿勢、お客さまに信頼《しんらい》されるために集中的に勉強する姿勢が、質の高いサービス提供につながっていると感じました。

大津さんの仕事内容

大津さんは、その後、人事労務の専門家と

人事管理のセミナーで講師を務める大津さん

しての仕事をしながら、社労士法人の代表社員となり、総合的なコンサルティンググループの経営陣《じん》の一員となりました。大津さんの現在の仕事は、社労士としての専門業務と経営管理の業務の大きく二つに分類されます。

社労士としての業務は、人事労務の相談、人事労務コンサルティング、セミナーや研修の講師、書籍《しょせき》や専門誌への執筆《しっぴつ》、そして専門的な情報の発信業務です。

○相談業務

顧問先《こもんさき》のお客さまからの相談への対応です。相談内容は人事労務に関するさまざまな内容です。法律の内容や解釈をはじめ、さまざまな労働トラブルの対応相談などです。

「比較的《ひかくてき》大きな規模の企業《きぎょう》からはより専門性が求められる相談が多い一方、中小企業《きぎょう》の場合は専門以外の幅広《はばひろ》い質問を受けることも多く、大企業《だいきぎょう》とは違《ちが》うレベルの対応力が必要になってくる」そうです。

○コンサルティング

企業《きぎょう》の人事制度の設計や就業規則をはじめとする仕事のルールを整備する業務です。

「就業規則などの社内ルールづくりの仕事で数カ月程度、人事制度全般《ぜんぱん》の設計の場合だと1年ほどのプロジェクト業務になる」そうです。

○セミナー・研修講師

人事・労務に関する法律がひんぱんに改正される昨今、専門家ではない企業《きぎょう》の担当者が法改正の情報を迅速《じんそく》・適切に入手するのは難しくなっています。そのため、経営者や人事担当者向けのセミナーでの講師も数多く務めているそうです。

また、「最近はハラスメントや労働時間管

大津さんの話を興味深そうに聞いていた学生さんと

理のような企業内《きぎょうない》の管理者向け研修も多くなっている」とのことです。

〇執筆《しっぴつ》

大津さんは、20代のころから積極的に執筆《しっぴつ》活動を行い、これまでに18冊（共著を含《ふく》む）の書籍《しょせき》を出版してきたそうです。また、専門誌への執筆《しっぴつ》も数多く行っています。

〇管理者・経営者としての業務

現在、社労士法人には30人あまりのスタッフがいます。そのスタッフたちの業務を管理するほか、評価や昇給《しょうきゅう》などの処遇《しょぐう》も決めています。

また、採用も重要な仕事です。ちょうど事務所を訪問した時、新卒で4月から入社予定の学生さんにお会いしました。大津さんから将来を期待した厳しいアドバイスを興味深そうに真剣《しんけん》に聞いている姿勢が印象的でした。

そのほか、グループ全体の役員として取《とり》締役会《しまりやくかい》をはじめ、各種経営や事業に関連する会議に参加するほか、人事労務担当役員として、グループ全体の就業規則や人事制度などのメンテナンスや評価、昇給《しょうきゅう》、賞与《しょうよ》の試算、担当者からの労務相談などに対応しています。

○そのほかの業務

社労士会の活動にも参加しています。全国《ぜんこく》社労士連合会《しゃろうしれんごうかい》では情報セキュリティ委員会、広報委員会、働き方改革特別委員会の委員などを歴任し、地元の愛知県社労士会《あいちけんしゃろうしかい》でも研修部長として、会員向けの研修の企画《きかく》・運営なども行っています。

顧問先《こもんさき》が業績低迷を乗《の》り越《こ》えて

大津さんに、これまでのキャリアのなかで印象に残ったエピソードを二つ話してもらいました。

「社労士として仕事をしてきたなかで、数回、過労死による労災認定を経験しています。いずれの企業《きぎょう》もいわゆるブラック企業《きぎょう》ではなく、むしろコンプライアンスを重視し、積極的に過重労働対策を行っていたのですが、当時は管理職へのケアが十分でなく、脳心臓疾患《しっかん》からの過労死認定を受けてしまいました。安心して働くことができる環境《かんきょう》をつくりたいと思ってこの仕事を志したのに、このようなことになってしまい、『自分でもっとできることはなかったのだろうか？』『この社員の命を守ることはできなかったのか？』と相当悩《なや》みました。ただ、これらの企業《きぎょう》の経営者も、同じような想いをもち、その後、改善を進めて、今ではさらによい職場環境《かんきょう》がつくられています。

また、社労士として長く仕事をしていると、顧問歴《こもんれき》20年など、かなり長いお付き合いのお客さまも多くあります。長い期間には、業績がよい時もあれば、悪くなる時もあります。ある時期に業績が低迷し、リストラを行わざるを得ないようなこともあり、経営陣《じん》と組織図を眺《なが》めながら、店舗閉鎖《てんぽへいさ》や人員削減《さくげん》の計画を策定するようなこともありました。数年後、そんなつらい時期を乗《の》り越《こ》え、業績が回復し、より強い組織に生まれ変わった時には心からうれしく思いました」

社労士になってよかったこと

長いキャリアのなかで、つらいこともやうれしいことを数多く経験してきた大津さんですが、「社労士になってよかったこと」を聞くと、つぎのようにまとめてくれました。

①自分自身が商品であり、その商品をみがけばみがくほど、社会の役に立っていると実感できること。
②お客さまに「ご苦労さま」ではなく、「ありがとう」と言っていただけること。
③お客さまとの長い付き合いのなかで、その事業の成長を実感できること。また経営者や担当者の方とも信頼《しんらい》関係を育み、いっしょに成長できること。
④優秀《ゆうしゅう》で、やる気に溢《あふ》れる全国の社労士と切《せっ》磋琢磨《さたくま》できること。
⑤通常の就職をした場合には、人事ローテーションのなかで主体的なキャリア形成が難しかったと思うが、この仕事ではみずからの選択《せんたく》で、その専門的キャリアを追求できたこと。
⑥書籍《しょせき》を出版したり、多くの方の前で講演し

たり、大学で講師を務めたり、個人としての表現の場を多くつくることができたこと。

多岐《たき》にわたる一週間の業務のようす

このように、大津さんのたずさわる業務は非常に多岐《たき》にわたっています。ある一週間のようすを紹介《しょうかい》すると、つぎのようです。

【月曜】午前は顧客《こきゃく》向《む》けセミナーで講師。午後は社内打ち合わせ、夜は母親の喜寿《きじゅ》のお祝いでホテルで食事、その後買い物。

【火曜】午前は京都《きょうと》の顧問先企業《こもんさききぎょう》へ訪問。人事制度のプロジェクト発足の打ち合わせ。午後3時過ぎに事務所に戻《もど》り、社内会議。その後、来社した顧問先《こもんさき》へ法改正についての情報提供と相談。夕刻、顧問先《こもんさき》を訪問し人事評価表を確認。

【水曜】午前は顧問先《こもんさき》訪問。午後は顧問先《こもんさき》とのウェブ面談。合間にセミナーの資料準備や社内スタッフからの相談対応。午後5時から、社労士法人のマネージャー会議。

【木曜】午前は社内で資料作成などの事務作業。午後は社労士会のウェブ研修の講師を担当した後、グループ全体の役員会に出席。

【金曜】午前は社内打ち合わせ。午後は顧問《こもん》先《さき》へ訪問し各種相談。

【土曜・日曜】通常は休みだが、この週は土曜に研修講師の仕事。

面倒見《めんどうみ》がよく、他人の幸せを喜べる人

大津さんは、社労士に向いている人について、「社労士はサービス業であり、プロフェッショナルです。お客さまがよい状態になることを心から願い、その悩《なや》みをしっかりと聞いて共感し、お客さまとともに、全力でその

解決を行うことが求められます。したがって、面倒見《めんどうみ》がよい、サポーター的特性がある人が向いています。

また、社労士の業務範囲《はんい》は広くも深いので一生勉強が必要です。したがって、勉強が好きな人であることが大切です。

ただ、どんなに勉強しても、扱《あつか》う範囲《はんい》が広いため、すべてを一人でカバーするのは困難です。経験のなかで自分の強みを明確にしたうえで、不得意な分野はその分野のプロに任せるくらいのつもりで行動することも望まれます。つまり、お客さまの課題解決にいちばんよい方法を選んで、そのお客さまの幸せを喜べるような人が、社労士に向いているといえます。

また、これからはITやAI（人工知能）の発展で仕事の内容がどんどん変わっていき

大津さんが勤務する社労士法人 名南経営のオフィス

ます。このような環境《かんきょう》変化を柔軟《じゅうなん》に楽しむことができる人がこれからの社労士としては向いていると思います」

得意分野をつくり、勉強すること

社労士の仕事をするうえで習得しておいたほうがよい知識や資格、情報などについて尋《たず》ねたところ、「私は複数の資格は基本的に必要ないと思っています。複数の資格よりも、どんなに狭《せま》くても、自分がナンバーワンになれる得意分野をつくることのほうが重要」と話す大津さん。

また、「自分が『好きなこと』『できること』『ニーズがあること』は何かを考えて、社労士の仕事のなかでも得意な分野をつくっていくことがよいと思う」と話をしてくれました。

大津さんは、終始、勉強をすることと好きなことを一生懸命《いっしょうけんめい》やることの大切さを話してくれたことが印象的でした。また、最後に師匠《ししょう》と仰《あお》ぐ小山氏に入社当初に「毎月1万円分の本を買って勉強しなさい」と言われ、少ない給料のなかからたくさんの本を買って読んだことを話してくれました。

人の幸せを喜び、お客さまをよい状態にするという強い使命感をもっている大津さんが、勉強することの大切さと自分に投資することの大切さを知り、それを実行してきたので、今、多くのお客さまから信頼《しんらい》され、たくさんの人から求められていると思いました。

ドキュメント 3

資格を活かして勤務社労士

人に関する相談事には正解がないことが多い

社《しゃ》会《かい》医《い》療《りょう》法《ほう》人《じん》財《ざい》団《だん》石《せき》心《しん》会《かい》
永《なが》田《た》恵《え》美《み》子《こ》さん

永田さんの歩んだ道のり

短大を卒業後、東証《とうしょう》一部上場企業《きぎょう》の電気機器部品メーカーの総務・人事部門で24年ほど給与計算や社会保険手続きの業務にたずさわり、みずから早期退職制度に応募《おうぼ》し退職。その後、社労士試験を受験し合格。取得した社労士の資格を活かし、社労士事務所で約4年間勤務。その実績を買われ、勤務していた社労士事務所の顧問先《こもんさき》の医療法人へ転職。

医療《いりょう》現場での労務管理

永田さんは、川崎に本部をもつ社会医療法人財団石心会で働いています。グループ全体では4000人を超《こ》える規模の医療《いりょう》法人となる石心会グループは24時間体制で医療《いりょう》を提供しています。

勤務体制には交替《こうたい》勤務もあり、女性も多い職場のため妊娠《にんしん》や出産、育児などをする人も多くいます。そして、医療《いりょう》現場ではさまざまな職種の人たちが多様な働き方をしているので、勤務や給与《きゅうよ》、労務管理も複雑で問題も起きやすい環境《かんきょう》です。そこで、永田さんは自分の経験と知識を活かして毎日、明るい笑顔《えがお》で対応しながら仕事をしています。

永田さんの現在の仕事は、社会医療《いりょう》法人のグループ内の法人の給与《きゅうよ》計算や社会保険手続きが中心です。また、グループの各事業所からの問い合わせや相談事、特殊《とくしゅ》な事案にも対応しています。そのほか、同じ職場にいる同僚《どうりょう》や先輩《せんぱい》にきた問い合わせのなかでも、労働基準法などの法律に関係する相談については お手伝《てつだ》いをしているそうです。

社労士をめざした理由

学生時代の永田さんは、社会保険労務士という資格は知らなかったし、社会保険などもよく知らなかったと話してくれました。

その永田さんが社労士をめざした理由には、新卒で入った電気機器部品メーカーの人事部で24年間という長い期間、従業員の給与《きゅうよ》計算や社会保険手続きの業務をしてきたことがあります。その会社を早期退職制度を利用して退職したのをきっかけに、これまでの経験を何らかの形で残したいと思い、社労士の資格をめざしたそうです。また、国家資格にあこがれていたことや、これから生涯《しょうがい》働いていくなかで資格があると安心だという気持ちもあったそうです。

退職して環境《かんきょう》を整え、試験勉強

「実は退職する前にも、何度か社労士試験を受験しようと勉強を始めたのですが、仕事と勉強の両立はなかなか難しく、受験するに値するほど勉強することができませんでした」と話す永田さん。具体的には、会社で働きながら社労士の受験参考書を買って何度も勉強をしました。ただ、仕事をしながら勉強を積み重ねることが大変で、社労士試験の受験申《もう》し込《こ》みをしながらも、直前で合格することは難しいと思い、受験をあきらめたことが何度もあったそうです。

そこで、早期退職制度を利用して退職した後、本格的に合格をめざし、勉強する時間をつくり、社労士の資格講座に通いました。独学で勉強した時には難しくてなかなか理解できなかった年金についても、通学して勉強することでようやく理解ができた、と話してくれました。また、資格講座へいくことで勉強のペースをつかむこともできたそうです。ただ、永田さんは合格するまでに椎間板《ついかんばん》ヘルニアになり、座って勉強することも痛くてつらかった時期があったそうです。永田さんはさまざまな困難のなか、3回目のチャレンジでみごと試験に合格。

永田さんの合格までの話を聞いているうちに、合格するには体調や勉強できる環境《かんきょう》を整えることも大事だと思いました。

社労士の知識や経験を仕事に活かす

永田さんは、社労士の資格取得後、社労士事務所で実務にたずさわり、その後医療《いりょう》法人で勤務をしていますが、同じ資格を活かした仕事でも、職場により仕事のようすは違うようです。

現在の医療《いりょう》法人の職場は、医療《いりょう》法人全体の事務局として、人事や総務に関する業務を行っています。そのなかで永田さんは、給与《きゅうよ》計算や社会保険の手続きなどのほか、最近では、新型コロナウイルス感染症《かんせんしょう》に関連する休業時の賃金計算や助成金の申請など、ほかの職員の人たちの誰《だれ》もが経験したことがないことも対応しています。

そうした自分の専門外で、自分が経験したことがないことでも、社労士の知識と経験があると効率よく調べることができるといいます。

「たとえば、国の方針や基準を調べるのはどこに聞けばよいのかなど、的確にすばやく調べることができます。また、労働基準法や労災保険などの知識があることで問い合わせ先からの説明内容がスムーズに理解できます。経験のないことでも、社労士の知識や経験を活かすことができます。逆に社労士の勉強をしていなかったら、自分にとっても、法人にとっても問題を解決できないことが多かったのではないかと思っています」と社労士としての資格と今までの経験を活かすことができているようすを話す永田さん。

また、永田さんの上司も「永田さんは法律をしっかり理解していて、きちんと法律の解釈を根拠《こんきょ》に具体的な対応方法を提案してくれ

永田さんが勤務する医療法人のデスクのようす

るのでとても安心できて頼《たよ》りになる存在。入職してからあっという間に事務局だけでなくたくさんある事業所の担当者からも頼《たよ》られる存在になっています」と話してくれました。

社労士事務所での経験

資格取得後に勤めた社労士事務所では、前に勤めた会社での経験が活かせると思っていたそうですが、社会保険の手続きは最初の会社とは違《ちが》っていたそうです。

たとえば、前に勤めた会社では紙の申請書《しんせいしょ》に手書きで記載《きさい》をして手続きをしていましたが、社労士事務所では電子申請《しんせい》だったことには驚《おどろ》いたそうです。同じ仕事でもどんどん変化することを痛感した出来事だったと話してくれました。

社労士事務所では、「社会保険の手続きや

給与《きゅうよ》計算や専門的な相談など、一般企業《いっぱんきぎょう》と比べるとかなり狭《せま》い範囲《はんい》の業務を奥深《おくふか》くまで理解することができた」という永田さん。また、社労士事務所は、自分の会社の仕事ではなく、お客さまから依頼《いらい》された仕事なので、正確に仕事をするだけではなく、お客さまと上手《じょうず》にコミュニケーションをとりながら進める必要もある、と話してくれました。

医療《いりょう》法人での仕事

永田さんに社労士事務所での仕事と現在の医療《いりょう》法人での仕事の違《ちが》いを聞いてみると、「社労士事務所ではお客さまの相談に専門家として責任をもって『回答』しなければなりませんが、それでも『回答』すれば、仕事は終わります。でも、今の職場では、相談事は解決するまでにいろいろなことが起こり、簡単に問題は解決できないな、というのが実感です」と今の医療《いりょう》法人での仕事の難しさを話してくれました。

永田さんはこれまでに、一般企業《いっぱんきぎょう》と、社労士資格を取得してから社労士事務所と、現在の医療《いりょう》法人と、三つの職場で働いてきましたが、これらを経験してよかったことは、企業《きぎょう》の現場の実務を知り、専門的な知識や経験をもち、その二つの効果を今の職場で活かしていることだそうです。

相談事には正解がない

永田さんは社会人としてのこれまでの経験のなかで、今でも思い出すエピソードとして自分の大きな失敗を話してくれました。

それは最初の会社で経験が不足していた時に賞与《しょうよ》の金額を多く支払《しはら》ってしまったことだ

そうです。その結果、30人近くの人に支払《しはら》った賞与《しょうよ》を返金してもらうことになったそうです。

「自分一人で賞与《しょうよ》の支給手続きをしていたことで起こったことですが、今なら、たとえ一人で賞与《しょうよ》の作業をしていても、賞与《しょうよ》の金額をほかの人にもチェックしてもらう必要があると上司に話して、誰《だれ》かに確認してもらったと思います。これは今でも思い出す失敗です」

と話す永田さん。

社会保険の手続きを間違《まちが》えてしまい、書類を再作成したこともありました。また、まだ社会保険のことはほとんど知らない新入社員に健康保険組合の手続きを説明した時、理解してもらえる説明の難しさをとても感じたそうです。永田さんから聞いた失敗の話は、社会人になって最初に勤めた会社の出来事で、

医療法人の職員の相談を受ける永田さん

社会人としても経験が少なく、社労士の知識や資格がない時の話でした。

そのほかに印象深いこととして話してくれたのは、「相談事には正解がないことが多いのが大変」ということ。永田さんに来る相談事の多くは「人」に関する相談で、その相談は、いろいろな人や事が関係するので決まった正解がない場合ばかりだそうです。しかし、「大変で難しいぶん、解決できた時はとてもうれしく、やりがいにもなっています」と明るく楽しそうに話してくれました。

社労士になってよかったこと

永田さんが、社労士になってよかったと思うのは、「勉強をしたことがすぐに実務に活かせる」ということだそうです。

もちろん、仕事をするうえではいつでも勉強は必要ですが、せっかく勉強してもすぐに活かせる仕事はそれほど多くはないのではないかという永田さん。また、逆に実務を見据《みす》えて勉強ができるので勉強することを楽しむことができているそうです。

「私がやりがいを感じる時は、一つひとつの業務をトラブルなくしっかりできた時です。この、あたりまえのことがあたりまえにきちんとできる、ということは大事だと思っていますし、私のやりがいとなっています」と話してくれました。

収入、そして趣味《しゅみ》の時間

収入についてもうかがいました。「同じような仕事をしている事務職の人と比べると、社労士の資格をもっているぶんが評価された給与《きゅうよ》になっていると思います」とのことでした。

永田さんは、16歳《さい》の時から音楽を続けています。「サックスを演奏することは私の生活のなかに溶《と》け込《こ》んでいます」。自宅には防音環境《かんきょう》を整えた部屋《へや》まであるそうで、大きな演奏会は年に2～3回ほど。毎週末、仲間で集まって練習しているそうです。

「平日は毎日ではありませんが、個人練習もしています。ただし、残業があるとあまり練習ができなくなるので、趣味《しゅみ》の時間もとれるように業務を効率的に進めながら、仕事と趣《しゅ》味《み》のバランスをとっています」と話してくれました。

「私は、仕事も一生懸命《いっしょうけんめい》、趣味《しゅみ》も一生懸命《いっしょうけんめい》楽しみたいと思っています。社労士の資格をもっていることで自分の趣味《しゅみ》や生活を大事にできる職場を選ぶことができていると思います」ということが、永田さんの毎日を充実《じゅうじつ》したものにしていると感じました。

堅実《けんじつ》な人が向いている

社労士をめざす人へのアドバイスを永田さんにうかがいました。

心構えとしては、「どんな仕事であっても着実に確実に業務を行うことが大切です。社労士をめざす人はつまらないミスをしないように、誠実に、そして着実に仕事をする姿勢が大事です」と話してくれました。

つぎに社労士に向いている人について尋《たず》ねると、「社労士には堅実《けんじつ》な人が向いていると思います。たとえば、仕事に必要な知識や情報は、自分の思《おも》い込《こ》みや信ぴょう性が低い情報や安易な知識ではいけません。社労士に向いている人は、しっかり裏付けのとれた正確な知識を得るのに労力を惜《お》しまない人だと思います」と話してくれました。

また、そのほか、「社労士は、人とかかわる仕事なので、相手の立場に立って状況《じょうきょう》を考えられることが大切です。やはり、人の話をしっかり聞ける人、相手にわかるように話ができる人、いろいろなことを調べることが苦にならない人が社労士に向いている人ですね」とも話してくれました。

どんな会社からも求められる人に

最後に今後の目標や抱負《ほうふ》を聞きました。永田さんは、これまでのさまざまな経験と培《つちか》った知識を活かして、「自分自身の価値を高めて、どんな会社からも求められる人材になりたい」と話してくれました。

また、そのためには、「今、自分に求められている仕事をしっかりやり、スキルを身に付けるための最大限の努力をすることが大切」という永田さん。どのような状況《じょうきょう》であってもまわりに頼《たよ》られる専門性をもち続けたいと話してくれました。

2章

社会保険労務士の世界

社会保険と労務
二つの異なる分野の仕事

社会保険や企業《きぎょう》の人事・労務に関する専門家

社会保険労務士とは、「社会保険」と「労務」という二つの分野の法律や制度を理解して、相談者（企業《きぎょう》や個人）のためにそれらのルールを伝えたり、ルールに沿って円滑《えんかつ》に制度や仕組みを利用できるようにお手《て》伝《つだ》いをする専門家です。

関係する法律や制度は数多く、改正もひんぱんに行われるため、常に勉強や情報の収集が欠かせない職業でもあります。

社会保険労務士ってどんな人と問われたら、つぎのように答えることができるでしょう。

○「働く事や人」に関する法律や制度、ルールを知っている人。
○法律に基づき必要な手続きを依頼者《いらいしゃ》の代わりに手続きをする人。

○ルールを理解して、働く人や会社が成長するために、困りごとを解決する人。

社会保険労務士の名前が長いのは?

世の中にはいろいろな職業がありますが、そのなかに弁護士や税理士など「○○士」と呼ばれる職業があります。いわゆる「士業」と呼ばれる職業で、国家試験などの資格試験に合格して専門性の高い職業にたずさわる人たちのことです。

社会保険労務士も士業のひとつですが、ほかの士業に比べて名前が長いのは、「社会保険」と「労務」という二つの異なる分野の仕事をするからです。

図表1 日本の主な社会保険制度

社会保険の名称		どんな保険？
年金	国民年金	日本国内に住む20歳以上60歳未満のすべての人が加入し、老齢、障がい、死亡について基礎年金を支給する制度。
	厚生年金保険	会社員や公務員が加入し、老齢、障がい、死亡について基礎年金に加えて支給する年金制度。
医療保険	健康保険	会社員やその扶養家族が、業務上・通勤途上以外でけがや病気などになったときに給付する保険。
	国民健康保険	自営業者などが病気やけがなどになったときに給付する保険。
介護保険		介護が必要になった高齢者などに対して必要な給付やサービスをする保険。
労働者災害補償保険（略称：労災保険）		会社員が業務上・通勤途上の災害で、けがや病気、障がい、死亡したときに必要な給付をする保険。
雇用保険		会社員が失業した場合、高齢者の雇用の継続、育児・介護などで休業した場合、教育訓練を受けた場合などに必要な給付をする保険。

「社会保険」とは？

社会保険とは、人生の途上《とじょう》で遭遇《そうぐう》するさまざまなリスク（病気やけが、失業、老後など）に備えて、社会全体でお金を出し合い、実際にリスクに遭遇《そうぐう》した人に、一定のお金やサービスを支給する助け合いの制度です。

現在、日本の社会保険には、病気やけがに備える「医療《いりょう》保険」、老後や障がい、死亡後の遺族の生活などに備える「年金」、仕事上の病気やけがなどを負った場合に備える「労災保険（労働者災害補《ほ》償《しょう》保険）」、会社を辞めて失業した場合などに備える「雇用《こよう》保険」、介護《かいご》が必要になった時に備える「介護《かいご》保険」があります（図表1）。

「労務」とは？

労務とは、会社で働く従業員全体の労働に関する事務をさします。具体的には、従業員の労働時間や勤怠《きんたい》などを管理して給与《きゅうよ》を計算したり、各種の社会保険に関する手続きをします。そのほか、健康診断《しんだん》の対応をするなど、法律や会社規定に基づいて従業員をサポートする役割を担う仕事です。

また、「労務」を広い意味でとらえると労働に関する事務というだけではなく、採用、教育、賃金の決め方や評価などの「人事」に関する業務や勤務態度が悪い従業員への対応など従業員に関する問題への対応、従業員のモチベーションのアップの方法などの「労務管理」なども社会保険労務士の仕事になります。

人事や労務に関するたくさんの法律

人事や労務に関する法律はたくさんあります。いちばん基本となる法律は労働基準法です。労働基準法は、労働条件に関する最低基準を定めた法律で、国家公務員などの一部を除いて、原則、日本国内のすべての労働者に適用されます。

このほか、職場における労働者の安全と健康を確保するために制定された労働安全衛生法をはじめ、労働契約法《けいやくほう》、最低賃金法、男女雇用《こよう》機会均等法、障害者雇用促進法《こようそくしんほう》、高年齢者等雇用《こうねんれいしゃとうこよう》安定法、労働者派遣法《はけんほう》、育児介護《かいご》休業法、雇用《こよう》保険法、労働者災害補償《ほしょう》保険法など、数多くの労働関係の法律があります。

社会保険に関する法律

人事・労務ほどではありませんが、社会保険に関する法律もたくさんあります。

中心となるのは会社員が加入する健康保険法や厚生年金保険法、介護《かいご》保険法です。また自営業や無職の人が加入する国民年金法、国民健康保険法、そのほか、確定給付企業《きぎょう》年金法や確定拠出企業《きょしゅつきぎょう》年金法、児童手当法などがあります。

社会保険労務士の誕生から現在

誕生、そして活躍の場は拡大

社会保険労務士の歴史

社会保険労務士は、資格がなくても仕事ができた時代を経て、「社会保険労務士」の資格が誕生《たんじょう》しました。社労士の業務も手続き代行が中心の時代から、業務が多様化し業務のやり方も業務の範囲《はんい》も変化してきています。手続き業務は手書きの書類を役所へ行き提出した時代から電子申請《しんせい》、そして、申請《しんせい》自体も不要な時代に向かっています。このような社会保険労務士の歴史をみていきます。

「労務管理士」と「社会保険士」

社会保険労務士は「社会保険」と「労務」の二つの分野の専門家というお話をしました

が、社会保険労務士が誕生《たんじょう》する前に、その名の通り「社会保険士」「労務管理士」という民間の資格がありました。それらの資格が統合されて「社会保険労務士」という国家資格が誕生《たんじょう》しました。

１９４５（昭和20）年に第２次世界大戦が終わった後、労働者をとりまく環境《かんきょう》は大きく変わり、労働基準法や労働災害補償《ほしょう》保険法、失業保険法（現在は、雇用《こよう》保険法）が公布され、労働省（現在は、厚生労働省）も発足しました。

労働関係の法律がつぎつぎと施行《しこう》されるのにともなって、法律に関する手続きの事務が複雑化し、官庁への提出書類などの代行業務のニーズが出てきました。このニーズにあわせ、手続きだけでなく、労働者に関する助言・指導も行う「労務管理士」が生まれてきました。

一方で、社会保険のひとつである健康保険法（旧法）は大正時代に公布され、第２次世界大戦前には、厚生省（現在は、厚生労働省）も発足しました。その後、戦後になって、新しい国民健康保険法が公布され、１９６１（昭和36）年に国民みんなが医療《いりょう》保険制度に加入する「国民皆保険」となりました。また、同じ時期には、国民みんなが年金制度に加入することができる「国民皆年金」となりました。

日本の社会保険制度が拡充《かくじゅう》するのにともなって、社会保険の業務が増大するなか、社会

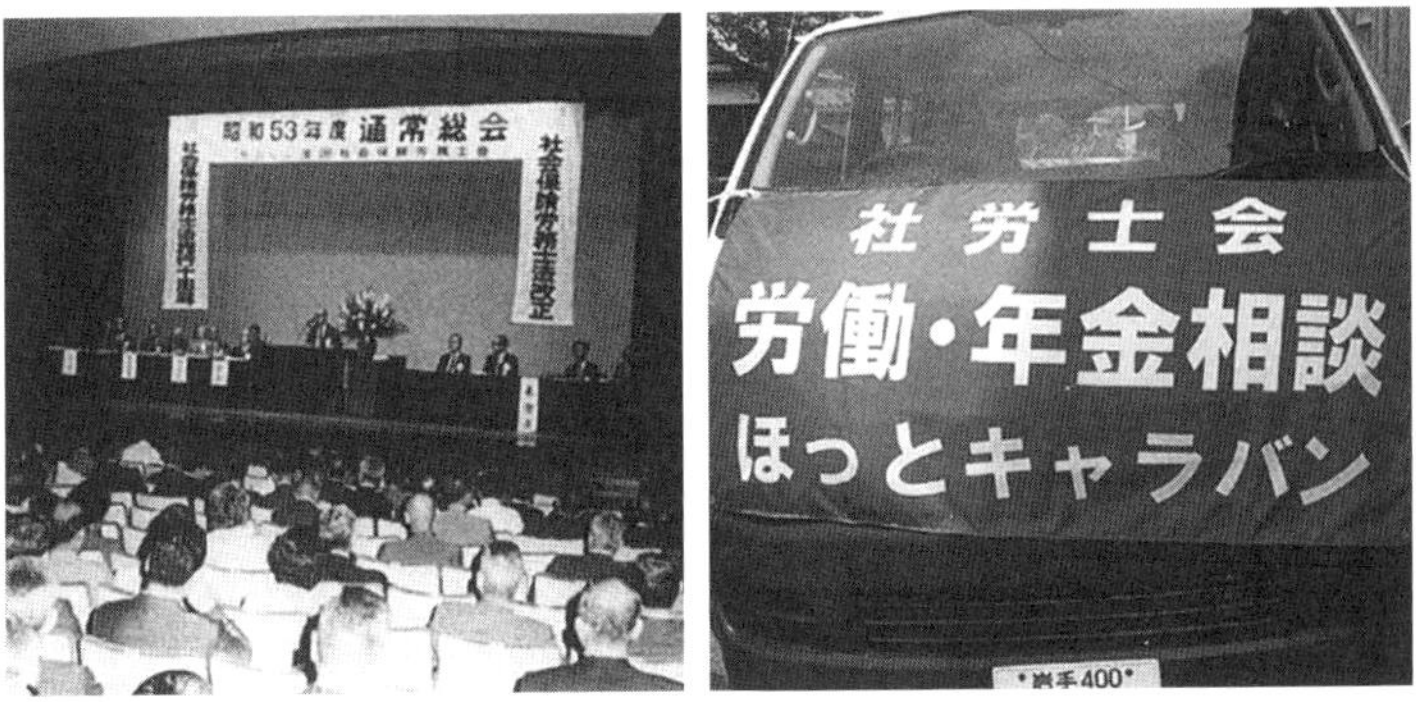

全国社会保険労務士会の設立（左）と活動の例（右）
出典：全国社会保険労務士連合会編『社会保険労務士制度五十年の歩み』

保険の諸手続きや社会保険業務の相談、助言、指導を担う「社会保険士」が生まれてきました。

「社会保険労務士」の誕生《たんじょう》

こうして昭和30年代（１９５５年～）に入り、管轄《かんかつ》する役所が違《ちが》う社会保険と失業保険や労災保険でしたが、会社では従業員が加入する保険という点では関連することが多いため、両者を統合した社会保険労務士法が１９６８（昭和43）年に制定され、社会保険労務士が誕生《たんじょう》しました。

高度経済成長期であったこの時期は、会社が成長し、労働者が活躍《かつやく》した時期で、社会保険労務士のニーズも高まっていきました。こうして生まれた社会保険労務士制度はその後、さらに制度を確立、改善しながら業務を拡大し発展していきました。

また、社会保険労務士の資格が健全に運用され発展

図表2 主な法律と社会保険労務士に関わる変遷

1947年　労働基準法　制定

1959年　厚生年金保険法　制定（1941(昭和16)年法を全面改正して制定）

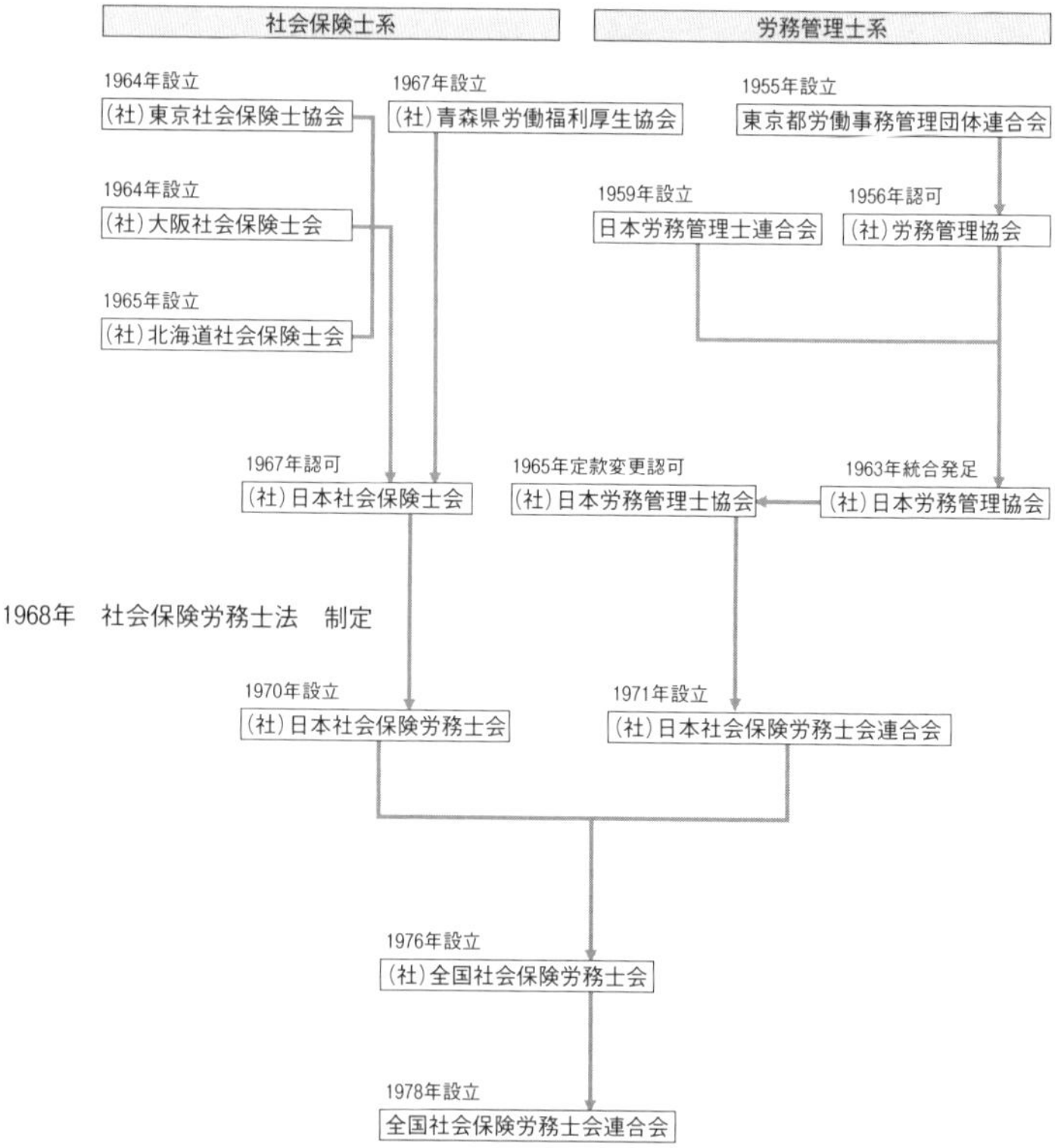

するように、都道府県ごとの社会保険労務士会と全国社会保険労務士会連合会が発足し、社会保険労務士の業務をするためには社会保険労務士会に登録して会員となることが必要になりました。

社会保険労務士法人制度の創設と業務範囲《はんい》の拡大

それまで、個人でしかできなかった社会保険労務士でしたが、２００２（平成14）年には弁護士法人や税理士法人に続き、社会保険労務士法人制度が創設されました。このことにより、社労士業務を法人で行うことができるようになりました。２０２３年３月末時点では、約２６８８法人が登録されています。

また、２００５（平成17）年には、社労士業務に労使の紛争《ふんそう》を解決する「紛争《ふんそう》解決手続代理業務」が追加され業務範囲《はんい》が拡大することになりました。そして、この業務を受託《じゅたく》するために翌年には「特定社会保険労務士」が誕生《たんじょう》しました。

特定社会保険労務士となるための紛争《ふんそう》解決手続代理業務試験は２００６年６月に第１回の試験が実施《じっし》され、３０００人を超《こ》える社労士が受験し、約75%の合格率で２０００人あまりが合格しました。その後、この試験を受ける社労士が増えましたが、最近では１０００名程度の受験者数で60%前後の合格率となっています。２０２３年３月末までの特定社労士の登録者数は約1万4000人となりました。

特定社労士のニーズの高まりは、時代とともに労働問題が増えてきていることにあります。会社と従業員のトラブルの相談は、厚生労働省の相談窓口に寄せられるだけでも、一年に100万件を超《こ》えます。相談の内容は、景気が悪い時には不当な解雇《かいこ》や雇《やと》い止《ど》め、サービス残業や賃金の未払《みばら》いなどの相談が多くなります。また、最近はいじめやハラスメントの相談がとても多くなってきました。そのほか、会社をやめたいのにやめさせてくれないなどの相談なども多くあります。このような問題のうち相談だけでは解決せず、具体的に「あっせん」や「労働審判《しんぱん》」などの紛争《ふんそう》解決の仕組みを使って解決するには特定社会保険労務士の資格が必要となります。

このように1968年に法律ができた社会保険労務士ですが、活躍《かつやく》の場が広がり、現在（2023年3月現在）は、全国で約4万5000名が登録され、年々人数は増えています。

社会保険労務士の仕事

さまざまで広い業務の範囲

専門範囲《はんい》がとても広い社労士の仕事

社会保険労務士の業務に関係する法令などは100種類近くあります。社会保険労務士は、これらの法律などに基づき、企業《きぎょう》の採用、研修、労務・人事・賃金・社会保険をはじめ福利厚生まで、幅広《はばひろ》く従業員に関することを業務範囲《はんい》としています。

社会保険労務士の仕事は社会保険労務士の資格をもっている人しかできない業務と、社会保険労務士の知識を活かした業務に分かれます。

まず、社会保険労務士の資格をもっている人ができる仕事はつぎの通りです。

1．労働および社会保険に関する法令に関する書類の作成および手続き代行業務（1号業務）

2．労働社会保険諸法令に基づく帳簿《ちょうぼ》書類の作成に関する業務（2号業務）
3．労務管理や社会保険に関する相談や指導業務（3号業務）

また、このほか、社労士の仕事のなかでも、特定社会保険労務士だけができる仕事に個別労働関係紛争《ふんそう》に関する業務があります。

もう少し、実際の業務に沿って社労士の仕事をみていきましょう。

手続き業務

会社や個人が本来行う手続きを代わりに行うためには社会保険労務士の資格が必要です。

●会社の人事部門が行う労働保険や社会保険に関する手続き

社労士は、本来会社が行う労働保険や社会保険に関する手続きを、その会社の依頼《いらい》を受けて代わりに行います。

社員が入社した時や退職した時には、健康保険や厚生年金保険、雇用《こよう》保険に加入する手続きや喪失《そうしつ》の手続きが必要になります。また、結婚《けっこん》をしたり、子どもが生まれたり、引《ひ》っ越《こ》しをした場合も健康保険などの手続きが必要になります。

そのほか、労災事故が起こってしまったり、出産や病気などで仕事ができない時には加入している保険から給付を受けることができます。

こうしたさまざまな時に必要な書類の作成などの手続きを、会社に代わり社労士が行います。また、社員に関する手続きのほか、会社全体の保険料の算出に関する手続きなどもします。基本的に会社がしなければならない労働保険や社会保険手続きを社労士は行います。

●社労士が手続きをすることの意味

社会保険などの手続きは、きちんと適切な手続きをとらないと従業員の老後の年金や給付に影響《えいきょう》する場合があります。また、法律を理解している社労士が手続きをするからこそ、時には、役所の言いなりではなく、必要な主張をして適切な手続きをすることができます。

社会保険や労働保険の給付は基本的に従業員本人や会社が手続きをしないと受け取れません。手続きが必要なことを知らないと給付の請求《せいきゅう》漏《も》れが起こり、受け取れるはずのお金が受け取れないことが起こります。また、保険料の免除《めんじょ》を知らなければ、優遇《ゆうぐう》制度が受けられません。

多岐《たき》にわたり複雑な保険制度の手続きを、専門家である社労士がやることにこのように

会社や個人の代わりに手続きを行う

大きな意味があります。

相談業務

社労士が行う相談はいろいろあります。社会保険などの手続きに関する相談、労働時間や休暇《きゅうか》など労働基準法をはじめとした労働法に関する相談、法律ではありませんが、勤務態度が悪い社員や、うつ病などで体調がよくない社員などの従業員に関することや、ハラスメントが起こってしまった場合の対応など、働くこと全般《ぜんぱん》に関する労働相談もあります。

給与《きゅうよ》やボーナスなどの支給基準や水準などの相談、会社のルールに違反《いはん》した社員を懲《ちょう》戒《かい》処分する場合の相談、派遣《はけん》社員やパートタイマーなどの有期雇用《こよう》の従業員に関する相談、そのほか、会社が社員を雇《やと》う時に必要なルールや問題に関しての相談など、とても多岐《たき》にわたります。

　このような多岐《たき》にわたる相談に対して、専門家として、お客さまが法律違反《いはん》にならずに

問題が解決できるようなアドバイスをします。また、労務問題では、法律の解釈だけではなく、他企業《たきぎょう》の対応例や過去に解決してきた経験などから従業員とのトラブルの解決案をアドバイスします。

その結果、問題だった従業員がきちんと仕事をするようになったり、労使紛争《ふんそう》に発展せず会社と従業員の双方《そうほう》にとってよい結果にすることもできます。

規程の作成業務

法律では、会社は従業員が10人以上になると従業員が働くうえでの就業ルールをまとめた就業規則を作成しなければなりません。

就業規則には、会社の勤務時間や休日、休暇《きゅうか》、職場での規律、そして、給与《きゅうよ》や退職金や福利厚生など就業に関するルールを記載《きさい》します。この就業のルールは会社が独自に決めてかまいませんが、労働基準法などの法律を守った内容にしなければなりません。

そこで社労士は、就業規則を作成するには、法律違反《いはん》にならず、その会社の業務が円滑《えんかつ》に行え、かつ、従業員が力を発揮できるようなルールを提案します。

もちろん、一から就業規則を作成する業務の依頼《いらい》もありますが、すでに会社で運用されている就業規則を見直し、改定する業務を依頼《いらい》されることも多くあります。

就業規則の見直しの場合は、まず、現状の就業規則の問題点を把握《はあく》します。たとえば、労働関係の法律は毎年のように改正が行われるため、今の法律で違反《いはん》となる内容がないかを確認します。つぎにその会社の実際のルールと就業規則のルールが違《ちが》っているところがないかを確認します。そして、ルールがあいまいで従業員とトラブルになる可能性など会社のリスクとなる内容を確認します。このような問題点を会社へ報告し、現在の法律に沿った新しいルールを提案し、会社が最終判断をして新しい就業規則を作成します。

就業規則は従業員が働くうえでのルールをひとつにまとめるので内容が多く、会社によっては給与《きゅうよ》やボーナスについては給与《きゅうよ》規程、退職金については退職金規程、結婚《けっこん》祝金や香《こう》典《でん》などは慶弔見舞金《けいちょうみまいきん》規程など、就業規則と分けてそれぞれの規程を作成することもあります。

●社労士が就業規則を作成する意味

就業規則は会社が自分たちで作成することもできます。しかし、社労士はどんどん改正される新しい法律を知っています。また、会社でどのような労務問題が起こるかも知っているので、法律違反《いはん》にならず、従業員とのトラブルが防止でき、その会社にあった就業規則が作成できます。

よい就業規則はその会社をリスクから守り、ルールが明確で適切なことで従業員とのトラブルを防止します。また、従業員が安心して気持ちよく働けて、力が発揮できるようにもなります。つまり、社労士がよりよい就業規則をつくることは、その会社を守ると同時に成長へも貢献《こうけん》できます。

コンサルティング業務

会社は社員が実力をつけて、その力を発揮して会社も従業員も、ともに成長することが大切です。そのためには社員が目標をもって成長し、その結果を評価して給与《きゅうよ》やボーナスに反映させることが必要となります。このように社員がやる気になる仕組みづくりがとても大切です。この仕組みや制度を会社とともにつくっていくのが、社労士が行う人事コンサルティング業務です。

コンサルティング業務には、社員の成長のステージをランクごとに決める人事制度、そして、人事制度の運用にあたる従業員の評価基準などのルールをつくる評価制度、給与《きゅうよ》やボーナスの決め方や水準、昇給《しょうきゅう》の仕方を決める賃金制度、その決めたルールを規程にまとめる賃金規程の作成もあります。そのほか、退職金の制度や金額の水準や金額の決め方などを決める退職金制度の構築もあります。賃金や退職金はルールを決めるだけではなく、モデルの賃金や退職金水準、個々人の給与《きゅうよ》や退職金を予測するシミュレーションなどをして、その会社の人件費の負担額などを予測して、会社が支払《しはら》うことが可能な金額かつ従業員が満足できる水準を試算します。

●社労士がやることの意味

人事制度のコンサルティングは社労士の資格がなくても行えます。ただ、人事制度のなかでも給与《きゅうよ》や退職金は、労働基準法や最低賃金法、企業《きぎょう》年金などの法律に関係します。また、従業員の労働条件にも関係することなので、今までのルールを変更《へんこう》する場合は労働契約法《けいやくほう》などからみて、不利益変更《へんこう》などの問題がないかなどを検討する必要があります。その点、社労士は、法律をきちんと理解しているので、制度のよさだけではなく、法律的にも問題のない制度をアドバイスしてつくることができます。

また、顧問《こもん》をしている会社の人事制度を構築する場合は、日頃《ひごろ》からその会社の状況《じょうきょう》、実態を理解しているので、会社に適した提案をすることができます。たとえば、その会社で過去に起こった労働問題から従業員の不満の内容を理解しているので、その不満を解消して、従業員のやる気を出せる人事制度の提案ができます。

人事制度というのは、制度をつくって終わりではなく、適切に運用していくことが大事です。そして、運用しながら成熟させていくものです。顧問《こもん》であれば人事制度の運用支援《しえん》もできます。導入した人事制度を微調整《びちょうせい》したり、マイナーチェンジをして、その制度の効果を高めていく時にもスムーズに支援《しえん》することができます。つまり、社労士が人事コンサルティングをやることは、法律に抵触《ていしょく》することなく、それぞれの会社にあった制度をつくりやすいというわけです。

講師業務

社労士に依頼《いらい》される講師の業務は、基本的に社労士の専門分野に関する講演や研修の依《い》頼《らい》です。専門分野といっても、社労士の専門分野は広いので、講師として依頼《いらい》される内容はさまざまです。

講師は、一般《いっぱん》の企業《きぎょう》が自分の会社の社員のために実施《じっし》する社内研修、研修専門会社が主《しゅ》催《さい》する研修、厚生労働省やその行政の出先機関などが依頼《いらい》する講演などがあります。また、社労士試験などの受験講座などの講師の業務もあります。

依頼《いらい》される講義・講演内容は、改正が決まった法律の内容やハラスメントやうつ病などのメンタルヘルスなど、その時々のニーズの高いテーマ、採用や高齢者《こうれいしゃ》や女性などの活用に関するテーマなどのほか、年金、法律、「人」に関する基本的な知識の習得をする研修や、社会保険手続きや給与《きゅうよ》計算に関する研修の業務もあります。

●社労士が講義をする意味

社労士は専門的な知識や経験をもっているので、受講者は必要な知識だけではなく、その知識を体系的に学ぶこともできます。また、労働法や社会保険関係の法律はひんぱんに改正されるので専門家でないと最新の情報を的確に理解するのは難しくなっています。社労士は最新の情報を随時《ずいじ》、専門雑誌や社労士会などの研修などで情報収集しているので、受講者は的確な最新情報に基づく講義を安心して聞くことができます。

執筆《しっぴつ》業務

社労士は書籍《しょせき》や雑誌や新聞などの記事のほか、ネットなどの記事の執筆《しっぴつ》を依頼《いらい》されることもあります。書籍《しょせき》は一人で一冊を書く場合もありますが、数人で共同で執筆《しっぴつ》する場合もあります。執筆《しっぴつ》の内容は講演と同様、専門家の知識や経験に基づき、多岐《たき》にわたります。

自分で執筆《しっぴつ》するほか、取材を受けてライターが書いた原稿《げんこう》を確認するような場合もあります。また、比較的《ひかくてき》ニーズがあるのは、他人が書いた文章を専門家の視点で間違《まちが》いがないかをチェック・確認をする「監修《かんしゅう》」という業務です。

そのほかの業務（年金）

社労士は専門とする範囲《はんい》が広いので、そのなかで専門分野を限定して業務をする人もいます。たとえば、公的な年金はとても複雑で難しい制度です。

年金は、法律が改正されると改正された新しいルールや基準だけを理解していればよいのではなく、過去のルールや基準も理解していなければなりません。理由は、年金は新しい法律が始まっても、加入者が不利にならないように、過去のその人の権利を守りながら、新しい法律が適用される場合があるからです。そのため、今の新しい法律だけではなく、過去のルールを知らないと対応できない業務です。たとえば、第2次世界大戦中に炭鉱《たんこう》で坑内《こうない》作業をしていたなど一定の基準を満たしている人には、年金が加算される「戦時加算」などという仕組みがあります。つまり、年金は加入期間と受給期間を合わせると長ければ80年以上の期間のルールを知らないときちんと対応できない業務です。

また、老後にもらう老齢《ろうれい》年金のほか、一定の障害になった時にもらえる障害年金や身近な人が亡くなった時にもらえる遺族年金もあります。障害年金なども受給するためのさまざまな手続きが必要で複雑です。そのため、年金に特化して業務を行う社労士がいます。

労使紛争《ふんそう》の解決業務

会社と従業員のトラブルを解決する手段のひとつに裁判がありますが、裁判は、時間もお金もかかり、手軽にすることはできません。そこで、裁判より手軽に労働問題を解決するための仕組みとして、「あっせん」「労働審判《しんぱん》」などの制度があります。

特定社労士は、このような会社と労働者との紛争《ふんそう》を解決するための手続きを当事者に代わってすることができます。また、個別の紛争《ふんそう》に関する相談を受けることもできます。

たとえ社労士であっても、特定社労士ではない者は、個別の労使紛争《ふんそう》に発展した事案の相談や対応をすることはできません。

社会保険労務士のある一日、一カ月、一年のスケジュール

具体的な仕事のスケジュール

開業社労士のある一日

●顧客《こきゃく》からのメールや電話での相談対応

朝、一日の始まりの時に前日までの顧客《こきゃく》からの依頼《いらい》業務や相談事を確認します。そのなかでも従業員とのトラブルなどの相談は対応が遅《おそ》くなるとこじれることが多いので、優先的に対応をします。

相談の回答は、文書でまとめて連絡《れんらく》したほうが誤解がないような場合や、一度に複数の人へ回答するような場合は、メールで連絡《れんらく》をします。また、不明点などを質問しながら回答したほうがよい場合は、電話などで返事をします。ことによっては直接話をしたほうがよい場合はそのことを伝えて、アポイントの調整をします。

●会社に代わり手続き、書類の作成と代理申請《しんせい》

顧客《こきゃく》からの対応やスケジュール調整は早めに対応したのち、自分の作業を始めます。顧《こ》客企業《きゃくきぎょう》から送られてきた社員の入社や退社の連絡《れんらく》に基づき、雇用《こよう》保険や厚生年金保険、健康保険の手続きの準備をして、電子申請《しんせい》します。電子申請《しんせい》をしたのち、処理が終わった公文書の印刷や業務管理簿《かんりぼ》への記載《きさい》を行い、顧客《こきゃく》へ処理後の書類を送付します。また、健康保険組合などから届いた保険証を顧客《こきゃく》に郵送します。

●就業規則の改定作業

依頼《いらい》のあった顧問先《こもんさき》の就業規則の改定《かいてい》作業をします。改定にあたって顧客《こきゃく》からヒアリングした結果をもとに文書を作成します。また、会社から聞いた要望を法律違反《いはん》にならないようにルールをつくり、就業規則にまとめていきます。

就業規則の文書は法律条文のようにまとめ、誤解がないように気を付けながらわかりやすい表現になるようにします。変更《へんこう》した就業規則はその会社で何年も使い続けるので、間《ま》違《ちが》いがないかを何度もチェックします。

●人事コンサルティングの打ち合わせ

賃金制度や評価制度をつくるのには一年ぐらいの期間がかかります。人事コンサルティングを引き受ける時には事前にどのような作業スケジュールになるのか、社労士である自

分たちがどのような役割を果たすのかを仕様書にまとめて提示します。

打ち合わせのさいには、その仕様書やスケジュールに基づき打ち合わせの資料の準備をします。打ち合わせは会社にとって重要な制度に関することなので、社長や役員、人事担当者などが同席しながら進めます。そして、打ち合わせ後は、つぎの打ち合わせまでに必要な作業を行います。

社労士事務所で働く2人の勤務社労士の業務内容

社会保険労務士事務所で働く勤務社労士2人のある日の業務報告を見ながら、仕事をみてみましょう。

開業している社労士は、社労士の業務のほか、営業活動や顧問料《こもんりょう》の請求《せいきゅう》などの管理業務もします。しかし、勤務社労士の多くは社労士業務に専念しています。本人の能力や意欲、勤務する社労士事務所の方針によって違《ちが》いがありますが、一般的《いっぱんてき》に社会保険手続きや手続きに関する相談などが中心となります。人によっては、労務相談、所長のアシスタント業務などをする場合もあります。

●Aさんの場合

Aさんは、自分が担当するお客さまの給与《きゅうよ》明細の準備や社会保険手続きをしています。

この日は、社会保険手続きのなかでは珍《めずら》しい、会社を設立した時の社会保険に加入する手続き、「新規適用届」を作成して、役所へ申請《しんせい》しました。

社会保険の手続きでは、入社と退社にともなう手続きと基本となる給与《きゅうよ》が変わった人に必要な社会保険の保険料を変更《へんこう》する「健康保険・厚生年金保険被保険者報酬《ほうしゅう》月額変更届《へんこうとどけ》」を作成しています。この作業は給与《きゅうよ》データから対象者を探して、必要な情報を書類に記入して役所に提出します。

お客さまからは、従業員の勤務時間の管理の仕方や休暇《きゅうか》の与《あた》え方《かた》について相談があり、その相談に対して、法律上問題がないか、どのようにすると管

図表3　Aさんの場合

【本日の業務報告】　8月23日（月）　9：30～17：45

① 事務所内スケジュール会議の参加
② 株式会社　ABC　明細発行・発送準備
③ ●●　株式会社
　△△様　勤怠管理方法・半日休暇の取り扱いについて
　　　お電話でご説明済み
　●●様　　障害者の採用方法の差別的取り扱いについて
　　　メールでご連絡済み
④ 医療法人△△手続き
　到着書類の内容確認
　退職者について業務処理簿入力　⇒　明日●●さんに確認後
　喪失の手続き
⑤ □□株式会社　給料明細　ご連絡
　その際、手続き完了の際の必要書類の確認
⑥ 株式会社　▲▲　　月変対象者確認
⑦ ××会社　　新規適用及び廃止　届出作成・申請（送付）
⑧ □□株式会社　8月月変作業
　　　高年齢雇用継続給付申請

理がうまくいくかを回答しています。そのほか、障害者を雇用《こよう》するさいの注意点という難しい相談にも対応しています。「障害者雇用促進法《こようそくしんほう》」では、障害があることでの差別の禁止や配慮《はいりょ》しなければならないことが決まっています。この相談では、差別の禁止や配慮《はいりょ》が必要な内容について、具体的に国が定める運用基準のガイドラインで具体的な例を確認し、お客さまへ回答しています。また、法律やガイドラインを調べただけではよくわからない時には、役所に電話で確認することもあります。

このようにAさんの業務は、給与《きゅうよ》計算、入退社などの社会保険手続き、給付金の手続き、顧客《こきゃく》からの労務相談の回答など、業務が広い範囲《はんい》となっています。

●Bさんの場合

Bさんは社会保険のさまざまな手続きをしています。手続きのなかでも難しいのは給付金の手続きと妊娠《にんしん》・出産・育児に関する手続きです。給付金は従業員本人が病気や出産などで仕事ができずに給料が支給されない時に雇用《こよう》保険や健康保険から受け取れるお金です。収入がない従業員にとっては大事なお金なので、速やかに手続きをとる必要があります。また、お金が支給される手続きなので、記入する項目《こうもく》も多くて難しいです。特に妊娠《にんしん》・出産・育児の手続きは、お休みしているあいだの給付金だけではなく、社会保険料の免除《めんじょ》の手続きもあります。また、給付金は、産前産後休業は健康保険、育児休業は雇用《こよう》保険から支給されます。出産は予定日と実際の出産日が違《ちが》うこともあります。育児休業では保育所に入れない場合に休業を延長《えんちょう》する場合もあり、手続きは複雑です。このように一概《いちがい》に社会保険手続きといっても、Bさんはいろいろな手続きをしています。

一カ月の業務スケジュール

一カ月の社労士の業務のうち、給《きゅう》与《よ》計算を受託《じゅたく》している場合は給与《きゅうよ》の締《し》め切《き》りや支給日に応じてスケジュールが決まります。給与《きゅうよ》の支給日は毎月25日の会社が多いので、給与《きゅうよ》計算の業務は毎月中旬《ちゅうじゅん》から20日ぐらいまでが忙《いそが》しくなります。この業務

図表4 Bさんの場合

●８月24日（火）通常勤務　（業務８：30～18：00）

◆顧客の業務内容について社内打ち合わせ（○○さん・△△さんと）
◆株式会社○○
・傷病手当金　　出勤簿・賃金証明欄記入　発送まで
　⇒不足書類の依頼・給与計算について問い合わせほか
・健保・年金：資格喪失　・雇用保険：離職票作成（途中）
　⇒不足書類の依頼・給与計算について問い合わせ（一部回答待ち）
・年金：育休月変（７月対象者）発送まで
・産休・育休書類の片付け（PDF 保存ほか）
◆△△株式会社
・健保：書類発送（一時金・限度額）
・健保：産休・育休申出書関連（８月分）発送まで
・年金：産休・育休申出書３号・養育特例（８月分）発送準備
　⇒ PDF の名前付けは後日
・健保からきた書類の処理
・年金からきた書類の処理
・問い合わせ対応（●●様）
◆××会社
・公文書の DL・名前付け PDF 変換後保存　ほか

は給与《きゅうよ》支給日に必ず給与《きゅうよ》が振《ふ》り込《こ》まれていなければならず、業務の締《し》め切《き》りが厳格です。

社会保険の手続きは、給与《きゅうよ》計算から比べると法律に基づく手続きは期限があるものの比《ひ》較的《かくてき》作業の期間に余裕《よゆう》があります。入退社の手続きは、月末で退職する場合が多いので、月初に手続きをすることが多く、給付金は給与《きゅうよ》の支給額が確定しないと手続きがとれない場合が多いので、25日ごろから月末、月初にかけて行います。受託《じゅたく》している業務にもよりますが、一カ月でみると業務の繁閑《はんかん》があります。

一年の業務スケジュール

社労士の業務のようすを1月から12月までの1年でみてみましょう。

1月　給与《きゅうよ》計算にかかわる年末調整の業務の後処理があります。そのほか、特別な仕事はあまりありませんが、お正月休みがあり、仕事ができる日数が少ないので、比較的忙《ひかくてきいそが》しく過ごします。人事制度のコンサルティングは、4月に新制度を開始するスケジュールで進めていることが多いので、この時期は制度の完成に向けて忙《いそが》しい時期です。このころ、新しい人事制度などの説明を従業員向けにすることが多くなっています。

2月　給与《きゅうよ》計算や社会保険手続きでは、特別な業務がないので落ち着いています。人事制度のコンサルティングは1月同様忙《いそが》しいですが、社労士事務所全般《ぜんぱん》としては業務が落ち着

図表5 労務・社会保険の年間スケジュールの例（2024年）

月	内容
1月	・給与支払報告書 提出（1/31期限） ・法定調書合計表 提出（1/31期限） ・労働保険料 第3期納付（1/31期限） ・労働者死傷病報告 提出（1月末期限）※
2月	・確定申告（2/16～3/15）
3月	・新入社員受け入れ準備 ・健康保険料の料率改定予定
4月	・労働者死傷病報告 提出（4月末期限）※
5月	・住民税の決定通知書 到着 ・障害者雇用納付金等の申告・納付（4/1～5/15）
6月	・住民税の給与控除額 変更 ・賞与支払の準備
7月	・労働保険料 年度更新 第1期納付（7/10期限）
7月	・社会保険料 算定基礎届 提出（7/10期限） ・障害者雇用状況報告書・高年齢者雇用状況報告書 提出（7/16期限） ・労働者死傷病報告 提出（7月末期限）※ ・賞与支払届 提出（支払後5日以内）
8月	・雇用保険・賃金日額の上限額等 変更 ・夏期休暇中の対策
9月	・被保険者標準報酬決定 ・標準報酬月額の通知書 準備
10月	・労働保険料 第2期納付（10/31期限） ・社会保険料の給与控除額 変更 ・労働者死傷病報告 提出（10月末期限）※
11月	・年末調整準備 ・賞与支払の準備
12月	・年末調整 ・賞与支払届 提出（支払後5日以内）

※休業日数4日未満の場合の提出期限

出典：あおぞらコンサルティング作成

いている月です。

3月 4月の新入社員の手続きの準備が始まります。人事制度のコンサルティングは、構築した制度の内容を賃金規程や評価マニュアルなどにまとめ、必要な届出書類の準備をします。

4月 大きな企業《きぎょう》の社会保険手続きをしていると、とても忙《いそが》しい月になります。新入社員の入社手続きには健康保険の手続きもあります。いつ病気になるかわからないので、健康保険はなるべく早く手続きを終えるようにします。また、3月末に退職する従業員が多いので、退職手続きも多くなります。

5月　3月末までの賃金や従業員数に基づく手続きの準備を始めます。たとえば、労働保険の保険料の申告（労働保険の概算《がいさん》・確定保険料申告書）は前年の4月から3月までの賃金をもとに7月上旬《じょうじゅん》までに手続きします。そのため、手が空いた時に順次、賃金の集計などを始めます。また、会社によって違《ちが》いがありますが、4月から6月に従業員の昇給《しょうきゅう》、給与《きゅうよ》改定が多く行われるので新しい給与《きゅうよ》への変更《へんこう》などの手続きをします。

6月　5月に準備を始めた労働保険の保険料の申告を7月10日までに終えます。同じく7月10日までに健康保険、厚生年金の標準報酬《ほうしゅう》月額の算定の手続きがあります。社労士事務所は6月の後半から7月中旬《ちゅうじゅん》まではとても忙しくなります。

7月　算定の手続きのほか、賞与《しょうよ》を支給する会社が多いので、通常の給与《きゅうよ》計算以外に、賞《しょう》与《よ》の支給手続きと社会保険の賞与支払届《しょうよしはらいとどけ》の手続きをします。

8月　会社のお休みが多く、特別な行事がありませんので、7月まで忙《いそが》しくてできなかった業務や書類のファイルなどの片付けをしたりします。

9月　7月に提出した社会保険の算定手続きの結果の連絡《れんらく》があります。その結果を従業員へ通知をする作業をすることもあります。

10月　9月に決定した算定結果を反映した社会保険料で給与《きゅうよ》計算をします。9月、10月は毎月の定例の業務のほかは、業務の負担となる業務イベントがあまりありません。

11月　11月になると、給与計算業務《きゅうよけいさんぎょうむ》を受託《じゅたく》していれば年末調整の準備を始めます。社会保険の手続きと給与《きゅうよ》計算は連動する情報や業務が多いので、お客さまから社会保険の手続きと給与《きゅうよ》計算の業務をいっしょに依頼《いらい》される場合も多くあります。給与《きゅうよ》計算業務を受託《じゅたく》している場合は11月から12月の上旬《じょうじゅん》までに年末調整の作業があるので、とても忙《いそが》しくなります。

12月　年末調整の作業も佳境《かきょう》となり、従業員が納める税金額を確定して、12月の給与《きゅうよ》に反映させます。12月には賞与《しょうよ》を支給する会社も多いので、年末調整の業務のほか、賞与《しょうよ》の支給手続きと社会保険の賞与支払届《しょうよしはらいとどけ》も作成して提出をします。12月はとても忙《いそが》しい月です。

社労士がかかわる人たち

1　中小企業《きぎょう》の場合

お客さんが中小企業《きぎょう》の場合は、社長本人とかかわることが多くなります。ただ、社長本人からは相談や依頼《いらい》を受けますが、手続きなどの実務については、人事や総務の担当者とやりとりをすることが多くなります。

2　大企業《だいきぎょう》の場合

受託《じゅたく》業務にもよりますが、大企業《だいきぎょう》の場合は、社長と直接話をすることはまずありません。ただ、人事制度など会社にとって重要なコンサルティングをする場合は会社の役員へ説明をしたり、打ち合わせをすることもあります。そのほかの実務では従業員とのトラブルや困りごとの相談、就業規則、規程の改定は、人事部長や課長から相談されることが多いです。また、手続きなどは実務担当者が窓口になります。

3 個人

社労士の業務は会社からの依頼《いらい》が多いですが、個人からの相談や依頼《いらい》もあります。個人からの依頼《いらい》で多いのは、年金の手続きや相談です。今は年金事務所に行けばていねいに相談に応じてくれますが、障害年金や遺族年金などの手続きを依頼《いらい》されることがあります。障害年金は認定の判断が難しいので相談が多いようです。また、夫や妻が死亡した場合にどんな年金がどのような手続きでもらえるのかがわからないという相談もあります。

そのほか、パートで働く主婦や定年退職前後の会社員からの相談もあります。パートで働く主婦からは、夫の健康保険の扶養《ふよう》から外れずに済む働き方を教えてほしいという相談、定年で退職する人からは退職後の医療《いりょう》保険の仕組みや雇用《こよう》保険の給付についての相談などです。また、定年後も働き続ける場合は、社会保険や雇用《こよう》保険の加入基準や保険料の相談と給与《きゅうよ》額《がく》によって雇用《こよう》保険の給付金や年金が減額されるかなどの相談が多くあります。

ミニドキュメント

研修講師を中心に活躍する社労士

企業《きぎょう》に役立つ研修を提供

津《つ》坂《さか》直《なお》子《こ》社《しゃ》会《かい》保《ほ》険《けん》労《ろう》務《む》士《し》事《じ》務《む》所《しょ》　代表《だいひょう》
津《つ》坂《さか》直《なお》子《こ》さん

研修で企業《きぎょう》の人材育成を支援《しえん》

津坂さんは、現在、主に研修講師、労務コンサルタント、通信教育の企画《きかく》・指導業務といった三つの分野の仕事をしています。

中心となるのは、企業内《きぎょうない》研修の講師で、新入社員から管理者まで、さまざまな立場の人を対象に研修の講師をしています。内容としては、社会保険労務士の専門分野である労務管理、ハラスメント、メンタルヘルス、仕事と介護《かいご》や育児などとの両立支援《しえん》、さらには、コミュニケーションやビジネスマナーなど、幅広《はばひろ》いテーマで企業《きぎょう》の人材育成の支援《しえん》をしている津坂さん。

「最近では、法改正にともなうハラスメント防止に関する研修や、コロナ禍《か》を背景に普《ふ》及《きゅう》したテレワークに対するマネジメントなどの研修も増えてます」と話してくれました。

そのほか、労務コンサルタントとして、企《き》業《ぎょう》の人事制度、退職金制度の構築や就業規則の改定などを行いながら、社員教育を専門に行う会社の通信教育の企画《きかく》や指導なども手《て》がけているそうです。

会社員時代は人事部の教育担当

津坂さんに社労士になる前の会社員時代の仕事について聞いてみました。

「大学を卒業してから、総合電機メーカーの人事部門に14年ほど勤めていました。入社から約7年間は、人事部門の教育担当として、教育体系の立案、新入社員研修から幹部研修まで研修内容を企画《きかく》し、実施《じっし》していました」と話す津坂さん。

教育担当として仕事をするなかで、津坂さんは、「社員教育は、職場の課題の本質を見きわめ、解決するための手段」という大事なことを学んだと話してくれました。企業《きぎょう》や社員の成長を支援《しえん》する教育担当業務は、とてもやりがいがあったそうです。

入社8年目以降は人事主任として、社員の評価や目標管理などの仕組みの導入や、労働組合との折衝《せっしょう》や社員の情報の管理や問題の解決など幅広《はばひろ》く担当し、実務を経験したそうです。

「ふり返ってみると、会社員時代の実務経験が現在の仕事の土台となっているな、と実感します」と、会社員時代の経験が現在の社労士の仕事につながっていることを話してくれました。

研修講師を始め、社労士資格をめざす

津坂さんに会社員時代に、社労士をめざしていたかを尋《たず》ねたところ、「もちろん人事業務を担当していたので、社会保険労務士という資格については知っていました。でも、会社員時代は、社労士資格を取得する必要性をあまり感じていませんでした」という津坂さんが社労士の資格をめざしたのは、会社を退職後のことです。

空いている時間を使い、通信教育の添削《てんさく》の仕事をしていた時にご縁《えん》があって「研修講師をしてみたら」という話があり、研修講師という仕事を始めることになったそうです。そして、研修講師を始めてみるともっとわかりやすく、満足してもらえる講義をしたいと考えるようになったそうです。そのためには、専門的な知識を身につけたいと思っていた時に、仕事でお世話になっていた尊敬する方が人事業務の経験を活かせる社会保険労務士資格の挑戦《ちょうせん》を勧めてくれたそうです。

「尊敬できる方とコーヒーを飲みながら話した何気ない会話から、社会保険労務士に興味をもち、試験への挑戦《ちょうせん》が始まりました」とその時のようすを話してくれる津坂さん。

「ほんとうに、キャリアは、いろいろな人との出会いによって形づくられるものですね」とその時のことをふり返っていました。

社労士試験に挑戦《ちょうせん》した初年度は選択式《せんたくしき》の一科目で点数が足りず不合格、2年目に合格することができた津坂さん。「夫にも負担をかけていたので、合格してホッとしたことを思い出します」と試験勉強の大変さや勉強時間がかなり必要だったようす、そして、ご主人

研修講師として登壇している時のようす

の協力に感謝していることを話してくれました。

資格取得がきっかけで好循環《こうじゅんかん》

社労士の資格を取って、仕事をするうえで、どんな効果があったのかを津坂さんに聞いたところ、「資格をもつということは、その分野の専門家としての証しになりますから、仕事を依頼《いらい》する会社の担当者は安心して依頼《いらい》することができるという効果があります」と社労士の資格の価値を話してくれました。

また、津坂さんは資格は取得しただけで満足するのではなく、その専門性を発揮するには常にスキルアップが必要になってくると考えているそうです。

そして、「ご依頼《いらい》いただく仕事は断らない」をモットーにしていると話す津坂さん。「津坂さんに頼《たの》みたい、と言ってくださる方の期待に最善を尽《つ》くしたい」という思いをもち、そのためにしっかり勉強をして準備を怠《おこた》らないようにしているので、スキルが深まり、業務の幅《はば》も広がっていったそうです。

こうして社労士の資格を取得したことをきっかけに、勉強をし続けてスキルが深まり、その結果、業務の幅《はば》が広がり、新たな仕事につながるという好循環《こうじゅんかん》が生まれたと話してくれました。

研修講師という仕事の魅力

講師業の大変なところ、よいと思うところもお聞きしました。

大変なところは、やはり人が相手なので、一様にはいかないことだそうです。しかも学校とは違《ちが》って、同じ相手に継続的《けいぞくてき》に教育するのではないので、研修で出会ったその時しか話を聞いてもらうチャンスはないことが大変だそうです。そのまさに「一期一会《いちごいちえ》」のその機会に限られた時間で、受講してよかった、役立ったと思ってもらえる講義をする、という大変さを毎回味わうそうです。

「研修の終了後、期待していたことと違《ちが》うなぁ、なんてお顔をされると、がっかりしてしまいますね」と話す津坂さんは、そうしたことがないように、企業《きぎょう》の担当者から研修の目的や課題をしっかり聞いて、理解するようにしているそうです。また、準備には十分な時間をかけて、講義の内容はもちろん、テキストやツールづくりには工夫を凝《こ》らしているそうです。そして、研修当日は、「講義が始まる前にできるだけ早く会場に行って、受講者に個別に話しかけたりして、人間関係をつくり、どういう話を聞きたいか、どういう課題をもっているかなどを具体的に聞いて、講義に活かすようにしています」と言う津坂さんからは、準備には余念のないようすが伝わってきました。

講師業のやりがいは、依頼者《いらいしゃ》である企業《きぎょう》の担当者や受講者から、「課題の解決につながった」、「日頃《ひごろ》の気付けないことに気付けてよかった」、「忙《いそが》しい時間を割いて受講したけれど、たいへん役立ってよかった」といった受講後の満足した感想を聞く時だそうです。

また、津坂さんに講師業に向いている人はどんな人かを尋《たず》ねたところ、

・勉強してわかることが増えることに、喜びを感じることができる人。

・自分が知っていることを伝えて、困っている人に役立つことに喜びを感じる人。

打ち合わせでは、企業の担当者から研修の目的や課題をしっかり聞く

と話してくれました。まさにそうした経験をもつことができるというのが、講師業の醍《だい》醐《ご》味《み》だといえそうです。

仕事のスケジュールと収入

一週間の仕事のようすと年間スケジュールのイメージをお聞きしました。

「研修講師業務や労務コンサルタント業務は、依頼《いらい》をいただいた時にスケジュールを立てます。そのため、年間スケジュールは毎年自分で、どの仕事をいつ入れるかなどを決めていますす」と自分でスケジュールを管理している津坂さん。具体的なスケジュールを尋ねると4月ごろは毎年複数の企業《きぎょう》から一定期間の新入社員研修を依頼《いらい》されているようすで、とても忙《いそが》しそうでした。

また、平均的な一週間の仕事は、「週の半分ぐらいは研修講師業務、残りは労務コンサルタントや研修の事前打ち合わせ、研修の企《き》画《かく》や準備」をしているそうです。また、休日には仕事をする時もありますが、仕事に関係する書籍《しょせき》を読んだりしているそうです。

収入について可能な範囲《はんい》で教えていただいたところ、「以前勤めていた会社にそのまま勤め続けていたら今もらえるであろうと予想する年収と比べてみて……、少し（?）多いかな」と思えるだけの年収ということでした。

今後の目標や抱負《ほうふ》

津坂さんの今後の目標はこれまでと同様に、研修を通じて人材育成を支援《しえん》していきながら、企業《きぎょう》がかかえる人に関する課題を労務相談や就業規則の改定など、さまざまな方法で解決ができる社労士でありたいと話してくれました。

そして、津坂さんは、さらに新たな仕事として、上場企業《きぎょう》の社外取締役《とりしまりやく》にも就任されたそうです。

「特定社会保険労務士として、また、人材育成の専門性や実績を評価していただき、ご縁《えん》があって社外取締役《とりしまりやく》のお話をいただきました。今後は、社外取締役《とりしまりやく》の立場からも、企《き》業《ぎょう》の労務管理、人材育成をご支援《しえん》していきたいと思います」と話す津坂さん。

自分の得意分野である研修講師から、その仕事をていねいにしっかりしていくことで、仕事の範囲《はんい》が広がり、新しい分野での活躍《かつやく》につながった津坂さんのこれからに期待したいと思います。

●プロフィール

津坂直子（つさか　なおこ）

上智大学法学部を卒業後、総合電機メーカー人事部門で約14年間、人事・労務・人材育成業務に従事した後、独立し、研修講師・コンサルタントとして活動。人材育成、人事制度の構築、そして、企業イメージアップ・接遇力向上に至るまで、企業の人材支援に取り組んでいる。資格は特定社会保険労務士、年金アドバイザー、２級ファイナンシャル・プランニング技能士。

考え方しだいで生活や収入は変えられる

社会保険労務士の生活

社労士の生活は、開業しているか、勤務しているかによって違《ちが》いがあります。また、仕事をどんどん引き受けて増やしていく人、仕事の依頼《いらい》があっても自分の生活を大事にして、生活を中心にできる範囲《はんい》の仕事をしていく人、自分の生活も大事にしつつ、仕事もできる範囲《はんい》でたくさんするという人、など仕事に対する考え方の違《ちが》いでも生活は違《ちが》ってきます。

1　開業社労士の場合

開業社労士の生活は、その人自身の考え方や仕事の仕方で大きな違《ちが》いがあります。よく開業社労士のような個人事業主を「自由業」ともいい、そんな自由業の生活を表すのに「自由業は不自由業」ということがあります。それは自分で事業をしている人は時間の融《ゆう》通《づう》が利《き》くはずなのに、逆に時間の自由がないという意味で使われています。

開業社労士は何ごとも自分で決めます。仕事の仕方、仕事をする日、仕事をする時間帯、すべて自由に決めることができます。しかし、顧客《こきゃく》である会社や役所は9時ごろから17時、18時ごろまで仕事をしている場合が多いので、社労士も平日、9時〜夕方まで仕事をすることが多くなります。

開業社労士は、自分で自分の仕事を獲得《かくとく》します。その自分が獲得《かくとく》した仕事の内容や量によっても生活が変わります。開業したばかりはすぐに仕事がないので、時間にも余裕《よゆう》があり、勉強や仕事を得るために人が集まる会合に顔を出したり、仕事を獲得《かくとく》するために時間を費やします。しかし、徐々《じょじょ》に仕事が増え、引き受けた仕事をきちんと着実にしていくと顧客《こきゃく》から信用が得られ、顧客《こきゃく》やかかわる人から仕事が紹介《しょうかい》されるようになり、仕事が増えていきます。仕事が増えてきた時、そのまま一人で仕事を続ける人もいますが、業務の補助をしてくれる従業員を雇《やと》う人もいます。そして、増える仕事を断らずになるべく多くの仕事をしようと考えると仕事中心の生活になっていきます。

開業社労士は、仕事が増え、仕事が忙《いそが》しい時は、土日、祝日なく、朝から夜遅《おそ》くまで仕事をすることになります。なかでも、一人で自宅を事務所にして仕事をしている人は、いつでも仕事ができるので、生活との区別がつきにくくなります。しかし、会社員の人のように決まった時間に仕事しなければならないという制約がないので、朝が苦手な人は早起きをせず夜中心に仕事をすることもできます。また、家庭の用事、子どものＰＴＡの役員や地域の行事などに参加しながら、都合のよい時間に仕事をすることもできます。しかし、家庭のことをしながら、時間帯を問わずに仕事をすると不規則な生活になってしまい、体に負担がかかったり、仕事の効率が悪くなったり、家族の理解が得られず家庭内の不和にもつながってしまったりもします。開業したばかりは生活のペースがつかめないものですが、徐々《じょじょ》に基本となる自分なりの仕事と生活スタイルがつくられていきます。

また、事業の規模が大きくなり、従業員を雇《やと》うようになると、開業社労士自身は自分で手続きなどの作業をするより顧客《こきゃく》からの相談や対応をすることが多くなっていきます。働いてもらう従業員は決まった時間に仕事をしていることもあり、自分の都合の良い時間に仕事をすることは減り、朝、決まった時間に事務所に出勤するようになっていきます。

開業社労士は、仕事をとるための営業活動のほか、契約書《けいやくしょ》や請求書《せいきゅうしょ》の作成や発送、メールのチェックや郵便物の整理などの業務もあります。従業員がいれば、一般《いっぱん》の会社と同じように従業員の雇用契約書《こようけいやくしょ》をつくったり、従業員に支払《しはら》う給与《きゅうよ》計算をしたりします。そのほか、仕事をするだけではなく、法律の改正やそのほかの業務に必要な知識や情報の収集などの勉強をする時間も必要です。一人で情報収集や勉強をするのが大変であれば、勉強会やセミナーに参加もします。このように、開業社労士は間接的な仕事もたくさんあるので、タイムマネジメントをしっかりしないと生活にも影響《えいきょう》が出てしまいます。

2 勤務社労士の場合

勤務社労士の生活は基本的に会社員と同じです。勤務社労士は、社労士事務所や会社に勤めるので、毎日、事務所や会社の始業時刻に出勤し、忙《いそが》しい場合は残業もします。社労士事務所に勤務する社労士は「具体的な仕事」のスケジュールにも書きましたが、一カ月、一年のうちには繁閑《はんかん》があります。給与《きゅうよ》計算の忙《いそが》しい時期は期日までに仕事を絶対終えなければならないので、残業をする時もあります。しかし、その事務所の職員の人数や職員の経験度合い、所長の考え方によって残業が多い場合も少ない場合もあります。事務所しだいということです。

ただ、全般的《ぜんぱんてき》には9時～18時などの勤務で、繁忙期《はんぼうき》以外は土日、祝日はお休みの事務所がほとんどです。勤務社労士は事務所でデスクワークが中心です。必要があれば関係の役所に出向きますが、最近では社会保険の手続きも電子申請《しんせい》をする場合が多くなり、役所に出向く必要が減り、オフィス内でのデスクワークが多くなっています。また、最近は、在宅勤務を導入する企業《きぎょう》が多くなっていますが、社労士事務所は顧客《こきゃく》のとても重要なマイナンバーなどの個人情報を預かり作業をするので自宅に顧客《こきゃく》の個人情報を持ち帰ることは課題も多くあります。そこで在宅勤務をすることはあっても、毎日のように在宅勤務をする事務所は少ないようです。

社会保険労務士の収入

社労士は、どれくらいの収入を得ているのでしょうか。

「社労士の収入」といっても、業務内容や働き方、社労士としての実力などによって大きく異なってきますが、まずは統計データをみてみましょう。

以下の開業社労士の統計は、2018年に実施《じっし》された「社会保険労務士の業務展開についてのアンケート調査」（事務局：大阪《おおさか》大学大学院法学研究科「専門士業科研」研究プロジェクト事務局）によっています。

1 開業社労士の事務所売上高

個人で開業している社労士の売上高（経費控除前《こうじょまえ》）は、「300万円未満」がもっとも多く、29・1%と約3割を占《し》めています。つぎに多かったのは「1000万円以上、5000万円未満」（27・6%）でこの収入層も約3割を占《し》めています。中央値は「500万円以上、700万円未満」で、このぐらいの売り上げが開業社労士として独立して事務所を営む上での目安と思われます。

図表6 開業社労士事務所の売上高

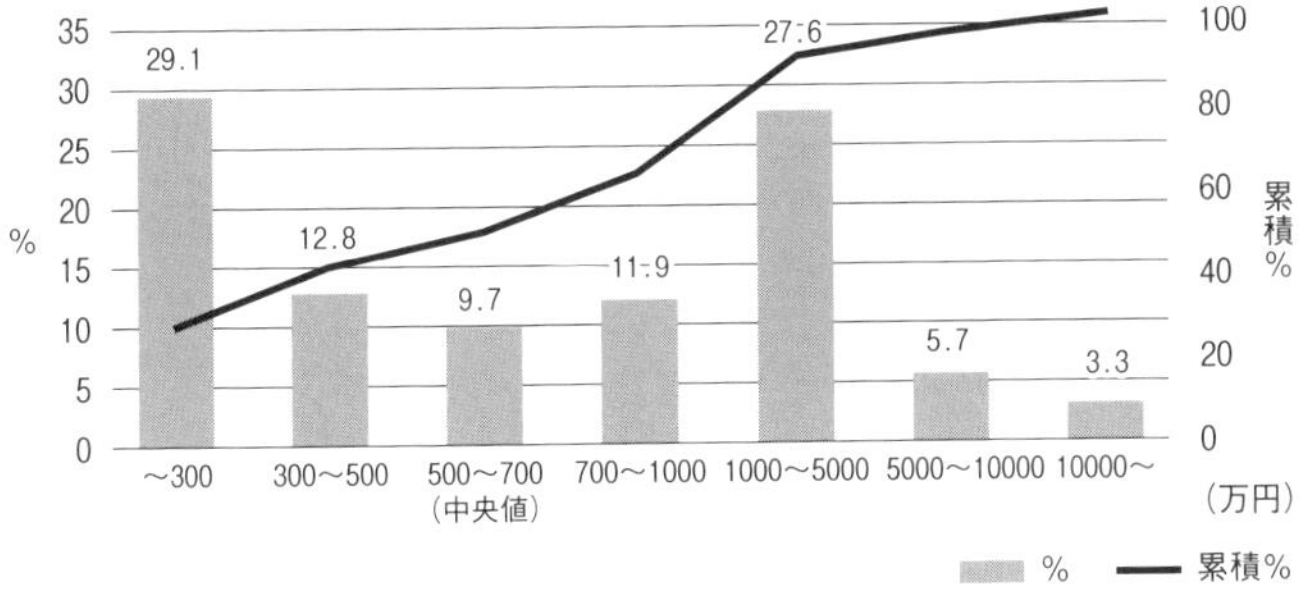

出典：大阪大学大学院法学研究科「社会保険労務士の業務展開についてのアンケート調査」（2018年）

2 個人の収入額

個人の収入は事務所売上高（経費控除前《こうじょまえ》）から事務所を運営するための必要経費などを差し引いて得る額になります。その個人収入を見てみると、「300万円未満」（26・3％）がもっとも多く、つぎに「300万円以上、400万円未満」（15・3％）となっています。しかし、三番目は「1000万円以上、3000万円未満」（12・6％）で、事業の展開などによる収入差は大きいといえます。なお、中央値は「400万円以上、500万円未満」となっており、一般的《いっぱんてき》な開業社労士の個人収入は、400万円から500万円のあいだのようです。またこのように、社労士の収入には相当な差があることがわかります。

3 働き方や顧問先《こもんさき》の数

自分で仕事をするので、基本的には仕事をたくさんやれば収入も多くなり、副業のように少ししかしない場合は収入も少なくなります。

先の調査で収入の柱となる顧問契約先《こもんけいやくさき》件数をみてみても、「顧問《こもん》なし」が13・3％いる一方、「顧問先《こもんさき》100社以上」も10・2％いて、まさにどのような事業展開にするかによって、収入に大きな差が出てきます。

4 業務の内容による収入の差

業務の内容によっても収入に違《ちが》いが出てきます。

開業社労士の業務の種類別割合の平均値をみると、1・2号業務（申請《しんせい》書類の作成・手続き代行、帳簿《ちょうぼ》書類の作成）の割合が56・0％ともっとも高く、つぎに3号業務（労務管理や社会保険に関するコンサルティング）の26・3％、3番目がその他の業務の15・4％で、紛争《ふんそう》解決手続代理業務の割合は0・9％です。

手続きが中心の事務所の場合は、依頼《いらい》を受ける顧問先《こもんさき》の数によって収入に差が出てきます。

コンサルティング業務は、依頼《いらい》先の企業《きぎょう》の規模やコンサルティングの内容・期間などのほか、社労士の実力の差も収入に大きく影響《えいきょう》します。一件の人事・賃金制度を構築するのに数十万円で受託《じゅたく》する人から、1000万円以上の報酬《ほうしゅう》を得る人までいます。

講師も実力の差が収入の差となります。しかし、講師料は実力の差だけでなく、依頼《いらい》す

図表7 社労士の年齢別構成

20歳代	0.4%
30歳代	6.7%
40歳代	26.0%
50歳代	29.7%
60歳代	21.8%
70歳代	11.8%
80歳代	3.2%
90歳代以上	0.4%

出典：全国社会保険労務士連合会「社会保険労務士白書」（2023年10月発行）

る側の事情によっても違《ちが》いが生じてきます。1回のセミナーで1万円程度から20〜30万円ぐらいまで千差万別です。社労士は、「研修は行っていない」という人が多い（43・3％）ですが、年間50回以上という人もわずかですが、1・1％います。

社労士の属性

1 開業社労士と勤務社労士

現在（2023年3月現在）、社《しゃ》会《かい》保《ほ》険《けん》労《ろう》務《む》士《し》会《かい》に登録している社労士の会員数は4万4870人ですが、このうち開業社労士は2万4514人（54・6％）、勤務等社労士は1万6679人（37・2％）、社労士法人の社員は3677人（8・2％）となっています。

2 男女比・年齢《ねんれい》

4万4870人の会員のうち、男性は3万21

図表8 開業社労士と勤務社労士の年齢

	最少年齢	最高年齢	平均
開業社労士	27歳	98歳	55.7歳
勤務社労士	26歳	70歳	49.1歳

出典：大阪大学大学院法学研究科「社会保険労務士の業務展開についてのアンケート調査」（2018年）

7人（67・3％）、女性は1万4653人（32・7％）となっており、おおよそ男性が7割、女性が3割程度の割合となっています。

また、年齢《ねんれい》をみると、若い人が少なく（20歳代0・4％、30歳代6・7％）、40歳代〜60歳代（40歳代26・0％、50歳代29・7％、60歳代21・8％）を中心に、70歳代以上の人（15・4％）まで、かなり年齢《ねんれい》の幅《はば》があります。

図表8をみると開業社労士として登録している人では、最少年《ねん》齢《れい》が27歳、最高年齢《ねんれい》が98歳、平均が55・7歳となっています。ただし、社労士に登録している人みんなが、実際に社労士として活動しているわけではありませんので、実際に実務をしている人の年齢はもう少し若いと思われます。

また、社労士として登録している人の年齢《ねんれい》が平均的に高い理由は、社労士という資格を知るのが社会人になってからが多いことやセカンドキャリアを考えて社労士の資格を取得する人が多いことが考えられます。そして、社労士試験の合格者の6割以上が会社員なので、資格を取得しても実際に登録して活動するのは会社を定年退職や早期退職をしてからと考える人も多いことがあり、平均年齢《ねんれい》が高くなっていると思われます。しかし、今後は社労士のニーズが高まり、資格を知る人が増えてくると、若くして資格を取得し開業する人が増えてくるのではないかと思っています。

考え方しだいで変わる生活や収入

全般的《ぜんぱんてき》に社労士の生活と収入はその人の考え方しだいといえます。

たくさん収入を得たい人は顧客《こきゃく》を増やすか、一つひとつの業務の単価を上げます。生活のバランスを求める人は、収入を抑《おさ》えても仕事をする時間を減らすか、一つひとつの業務の単価を上げ、仕事の量を増やさないようにします。そのほか、従業員を雇《やと》って自分がやる仕事を減らす方法もありますが、人を雇《やと》うことで経営者や管理者の仕事が増えるので注意が必要です。このように社労士の生活や収入は、自分の考えるライフプランや事業プランで変わります。しかし、自分の思うような生活や収入を選ぶためには、仕事の実力が必要です。実力がなければ、仕事を増やすことも、仕事の単価を上げることもできません。

人に関する専門家としてニーズは高まる

活躍《かつやく》の場はさらに広がる

社労士の将来性はどうでしょうか。

結論からいえば、社労士に対するニーズは今まで以上に高まり、そして、社労士に求められる専門性がより高くなっていくと考えています。

1968（昭和43）年に社会保険労務士法が施行《しこう》されて以降、事務代理や手続き代行などを業務の中心に社労士の仕事の場が広がっていきました。当初は、社会保険に対する意識が低い中小企業《きぎょう》が多い中で、中小企業《きぎょう》に代わり手続きをする需要が高い時代だったといえます。

しかし現在は、社会保険手続きのほか、働く人を取り巻く環境《かんきょう》が複雑になってきています。社労士の仕事は人に関する問題の相談、ひんぱんにくり返されるさまざまな法律の改正に対する対応、就業規則の作成・改定や人事制度・賃金制度の構築など幅《はば》広《ひろ》い業務範囲《はんい》を担うようになっています。今後、社会保険の手続きはデジタル化が進み、手続き業務に関する需要は減少する可能性が高くなっています。一方、複雑化する法律への対応、多様化する労働者に関する相談やアドバイスへのニーズが高まると考えられています。

このようななか、今後もたくさんの法律が制定・改定されて、企業《きぎょう》が遵守《じゅんしゅ》しなければいけないことが刻々と変わっていきます。働く側のニーズも一段と多様化が進みます。複雑化する労働環境《かんきょう》のなかで、人事・労務の専門家である社労士の役割への期待が高まり、活《かつ》躍《やく》の場はさらに広がっていきます。

デジタル化の影響《えいきょう》は？

デジタル化が進む時代のなかにあっても、手続き面でも社労士の存在意義はあります。中小企業《きぎょう》は、国がデジタル化を推進しても簡単にはデジタル化に対応できないことが想定されます。そして、デジタル化に対応できない中小企業《きぎょう》は、社労士に社会保険手続きを依《い》頼《らい》することになります。また、社会保険手続きの電子化や人事情報のシステム化には、会社の実態を理解し、業務の知識やシステムのことがわかる人材が必要になります。これからはシステムに強い社労士のニーズも高まっていきます。そして、電子化、デジタル化が進むとその弊害《へいがい》で、手続きや作業の意味を理解していなくても作業ができるようになっていきます。すると、企業《きぎょう》の人事・労務担当者のレベルが低くなり、教育のニーズも出てきます。電子化、デジタル化により、社労士の手続き業務が減ったとしても、社内に知識や経験者がいない企業《きぎょう》での社労士のニーズは今後も変わらず、そして、新たなニーズも高まっていきそうです。

「人」に関する専門家として存在意義は高まる

また、これからの社労士は、今までの社会保険や労務の範囲《はんい》にとらわれず、広い意味で、人に関連するさまざまな問題を解決する、「人」に関する専門家としての存在意義が高まっていきます。今後、企業《きぎょう》は利益を上げるだけでは存在し続けることが難しくなっていきます。少子高齢《こうれい》化《か》で人口が減り、子育てや介護《かいご》をしながら仕事をする人や病気をかかえながら仕事をする人も増え、労働人口は減っていきます。そして、国は今後も企業《きぎょう》に多くのことを求めていきます。また、法律を守らない企業《きぎょう》への取り締《とし》まりも厳しくなり、企業《きぎょう》が存続するためのバーが高くなっていきます。そのため、今まで以上に法律などのルールや基準を知り、また、それだけではなく、従業員が力を発揮でき、会社の秩序《ちつじょ》が保たれる仕組みがつくれ、人のトラブルを解決できる専門性の高い社労士が求められます。社労士の使命は、企業《きぎょう》が健全に成長するために「人」に関する困りごとを、さまざまな面からサポートすることだと言えます。

そして、これからの社労士は、顧客《こきゃく》である会社と社会保険の手続きや就業規則、人事制度の構築などを委託《いたく》される関係にとどまらず、会社の役員として専門的な知識や経験を活かしていく道も出てきました。たとえば、社労士が顧問先《こもんさき》の企業《きぎょう》の社外取締役《とりしまりやく》になることや上場企業《きぎょう》が求めている社外取締役《とりしまりやく》として活躍《かつやく》する可能性もあります。近年、コーポレートガバナンスコードでは企業《きぎょう》の取締役《とりしまりやく》は経営に必要な経験や能力をもった専門性の高いメンバーが必要だとしています。また、経営に必要な経験や能力とは、今までのように経営経験や営業や事業運営の経験だけではなく、会計・財務や法律、そして、人事に関する専門家も重要視されています。

今後は社会保険労務士としての経験を積み、「人」に関する専門家として、会社の経営にたずさわり、社労士自身が企業《きぎょう》を健全に成長させ、働く人たちの職場環境《かんきょう》を整えることを、経営の立場からすることができるようになっていくと思われます。

Column

社労士資格を活かした生活と仕事の仕方

——子育てや介護との両立

なぜ、私が社労士をめざしたのか

私（著者）は短大を卒業後、大手損害保険会社で、事故やけがをした人に保険金をいくら払《はら》うかを判定する査定業務をしていました。その仕事をしていた私は一生懸命《いっしょうけんめい》、誠意ある仕事をしても、お金が関係すると理屈《りくつ》抜《ぬ》きにごねる人や怒鳴《どな》る人がいることを知り、人やお金の怖《こわ》さを感じていました。会社員時代はストレスが原因で出勤途中《とちゅう》にお腹が痛くなり、会社に到着《とうちゃく》するまでに、何度か電車を降りてトイレに行くことも多くありました。

また、そのころは育児休業の法律が施行《しこう》されていなかったので、子どもをかかえて仕事を続けるのは難しい時代でした。このようなか、私は妊娠《にんしん》9カ月で退職しましたが、第1子の出産、第2子を出産したのち、子どもが大きくなったら、また仕事をしようと思っていました。しかし、結婚後《けっこんご》、夫の転勤で何度も引《ひ》っ越《こ》しをしたので、もし、よい職場で仕事をしていても転勤で仕事を続けることができなくなるのではないかと考えるようになりました。そこで、どこへ引《ひ》っ越《こ》しをしても、自分のしたい仕事をするには資格があるとよいのではないかと考えるようになり、自分に向いている資格を探し始めました。

私がやりたいのは自分が一生懸命《いっしょうけんめい》仕事をしたら、相手のためになる仕事でした。また、日頃《ごろ》から相談をされることが多かったので、まず専門的な知識をもって、困りごとを解決するためにアドバイスができるファイナンシャルプランナーの資格を考えました。しかし、その当時、ファイナンシャルプランナーは民間資格だったので、ほかに国家資格のなかで、自分の学力でがんばればどうにか取れるぐらいの難易度の資格を探しました。そして、今後も高齢化《こうれいか》が進むと年金や医療《いりょう》制度などの知識の重要性が増すと考えた私は、社会保険労務士の資格取得をめざすことにしました。そのころから、私は自分の専門的な知識や経験を活かして、人の困りごとを解決してあげたい、と思っていました。

小さな子ども2人を育てながら開業

合格した資格を活かそうと思った私ですが、社労士の業務は未経験のうえ、小学校にも入っていない2人の子どもをかかえて、資格を活かして仕事をしようと思っても、その当時は、私が働ける職場はありませんでした。そこで、子どもとの時間を大事にしながら仕事をするのであれば、時間に自由がきく「開業」をしてみようと考えました。小さな子どもがいること、社労士業務は未経験なこと、そして、営業経験もない私が開業するのは、今にしてみれば無謀《むぼう》ともいえる判断だったと思います。

自宅で開業した当時のようす

営業経験、実務経験もなく仕事を探す

開業当時、子どもがいることで仕事ができる時間に制約があるぶん、夫が生活を支えてくれていたので、収入をすぐに上げなくてもよいというよさもありました。そこで、少しずつ、自分にあったやり方で仕事をしていこうと決めました。私は飛《と》び込《こ》み営業ができるタイプではなかったので、自分にあった仕事のやり方を考えました。

まず、相手に喜ばれる情報を伝えるのであれば、相手も私の話を聞いてくれるのではないかと考えました。たとえば、私が開業したころは景気が悪く、仕事を探している人が多くいたので、国は企業《きぎょう》が新規事業を始めて、人を雇《やと》う場合に助成金を支給していました。その時、たまたま見ていた新聞の折り込《おこ》みチラシで「新規事業開始にともないスタッフ急《きゅう》募《ぼ》」の求人がありました。まさにこの会社は助成金の対象になると思い、すぐに電話をして、思い切って、「返済不要の国の助成金について、社長にお話があります。社長をお願いします」と言い話をしたところ、この会社が顧問先第1号の会社となりました。その後も助成金以外で、困っている会社の問題を解決する仕事をしていきました。

女性が社会で信用を得ることの難しさ

地域や年齢《ねんれい》、仕事の種類、時代によって違《ちが》いがありますが、経営相談のような仕事は、女性より男性、若い人よりも年配の人のほうが信用を得やすい傾向《けいこう》があります。一方、個人相談やセミナー、原稿《げんこう》を書くことなどは、女性のほうが話しやすくて相談しやすいなどと言われる傾向《けいこう》がありました。

そこで私は、自分の強みをつくることにしました。同業の先輩《せんぱい》たちは経験も実績もあるので、お客さまは実績のある社労士に依頼したいということになるので、自分の強みをもつことが必要だと思いました。

まず私はライバルが少ない自分の得意分野をもつことを考えました。私が開業したころは４０１ｋ（確定拠出《きょしゅつ》年金）などの新たな企業《きぎょう》年金の法律が成立し、今までの企業《きぎょう》年金が廃止になることが決まっていました。その当時４０１ｋは、運用の責任を

従業員にもたせる悪い仕組み、と考えている人が多かったので、社労士は401kや企業《きぎょう》年金にあまり注目していませんでした。

企業《きぎょう》年金は、企業《きぎょう》年金の法律だけではなく、年金資産の運用や制度を運営する金融《きんゆう》機関のこと、税法、企業《きぎょう》会計、労働基準法などの多岐《たき》にわたる知識が必要でした。さらに、厚生年金基金は法律には明確な基準がなく、認可基準などに基づく実態を理解する必要があったので、これを得意とするのは大変でしたが、大変だからこそライバルが少ない分野でした。

実際に企業《きぎょう》年金の専門家は、金融《きんゆう》機関の人ばかりで、純粋《じゅんすい》に企業《きぎょう》の立場でアドバイスや実行支援《しえん》をする人がほとんどいなかったので、私は企業《きぎょう》年金、退職金を自分の得意分野として強みにしました。また、私はCFPというファイナンシャルプランナーの上級資格をもっていたので、金融《きんゆう》の知識を活かし、401kの導入では、ファイナンシャルプランナーとして従業員への投資教育と社労士として導入のためのコンサルティングをしていました。

企業《きぎょう》年金や退職金のようにその分野の知識をもっている人が少なければ、女性であっても仕事の依《い》頼《らい》が来るようになっていきました。

家庭と仕事の両立をめざして

開業社労士として仕事を始めたころ、下の娘は4歳《さい》でした。開業したのは子どもとの時間を大切にしたいためだったので、子どもや家庭を大事にしながら仕事をしていきました。しかし、実務経験がなく子どものいる私が、やっとの思いで獲得《かくとく》した仕事の重みを感じれば感じるほど、せっかく受けた仕事をしっかりやりたいという気持ちも強くなっていきました。そうなると、家庭や子どもとの時間がどんどん減っていきそうだったので、仕事をする上での自分のルールを作りました。

一つは、子どもはいつか大きくなるのだから、子どもとの大事な時間は最優先する、でした。そして、もう一つは、仕事をさせていただいている、という謙虚《けんきょ》な気持ちでいることでした。たとえば、子どもが遠足から帰ってきた時には家で仕事をして、子どもを迎《むか》え、遠足の楽しかった思い出をホットなうちに聞いて共有しました。日頃《ひごろ》いっしょにいる時間が少ないからこそ、大事な時間は子どもたちを優先しました。そんな時に仕事の打合せをしたいと言われたら、迷わず、ほかの仕事が入っているといい、別の日程にしてもらいました。

しかし、徐々《じょじょ》に仕事の依頼《いらい》が増えていくと、仕事をいただけるありがたさから、どうにかその仕事を引き受けて仕事をしたいという気持ちになっていき、家庭や子どもとの時間が減っていきました。

そこで、家庭と子どもの時間を大事にするために一人で仕事をするのではなく、ビジネスパートナーと仕事をすることで、忙《いそが》しい時にはおたがいに協力して仕事をするようにしました。さらに、それ以上、仕事が増えてくると、つぎは従業員を雇《やと》って仕事をするようにしていきました。従業員が増えていくと今度は仕事のことを考えるだけではなく、小さな会社の経営者としての仕事も増えていきました。

そうしているうちに子どもたちも成長していきましたが、受験や学校でのトラブルなどで、何度も学校から呼び出されたり、悩《なや》まされることも多くありました。そんな時、仕事をしていたおかげで、時間的には大変でしたが、子どものことで困ったり、悩《なや》んだりしても、従業員がいて、今、目の前にしなければならない仕事があったことで、悩《なや》む暇《ひま》がなかったことがよかったと思います。

今は子どもは2人とも結婚《けっこん》しましたが、子どもが小さい時は、子どもから「仕事を辞めて家にいて」などと言われ、仕事を続けることに迷ったこともありました。その当時、子どもたちが私に仕事をせずそばにいてほしい、と思った気持ちに嘘《うそ》はないと思いますが、そんなことを言った娘も今は、自分の子どもが生まれても仕事はやめず、子育てをすると言っています。

親の介護《かいご》と社労士の仕事の両立

私が両親の介護《かいご》を始めて、10年以上になります。介護《かいご》をはじめたころは、両親が病気や転倒《てんとう》して、動けなくなった時に、仕事の調整をして実家に帰り介《かい》護《ご》をしていました。そして、徐々《じょじょ》に介護《かいご》が必要な度合いが増えたので、介護《かいご》保険を利用するために要介《ようかい》護《ご》認定の申請《しんせい》をしました。そのころはまだ介護《かいご》保険の仕組みがあまりよく知られておらず、社労士の専門分野である介護《かいご》保険であっても、実務ではどのように手続きをすればよいのかわからないことも多くありました。その時、私は介護《かいご》保険の仕組みがわかりにくく、また、介護《かいご》する側への支援《しえん》や情報提供の少なさを感じました。

仕事と育児や介護《かいご》の両立をするには、仕事の仕方の工夫が必要です。仕事の打ち合わせは顧客《こきゃく》に合わせますが、作業は場所や時間を問わずできます。そのため、両親の病院への付《つ》き添《そ》いや、子どもの授業参観などの学校行事に参加することができました。

子育てをしている時は、子どもが大きくなれば、少しずつ私がやるべきことが減っていきましたが、介護《かいご》は逆に私がやることが増えていきました。また、介護《かいご》は両親に対する直接的な身体介護《かいご》だけではなく、日常生活の援助《えんじょ》も必要で、やることが多かったので、介護《かいご》保険のサービスだけではなく、近所の人たちの援助《えんじょ》、民間のサービスなど、たくさんの人の支援《しえん》やサービスを活用しました。

そんな親の介護《かいご》の経験を仕事に活かして、私は仕事と介護《かいご》の両立のために、介護《かいご》をする従業員に向けた情報発信を始めました。すると、従業員向けの介《かい》護《ご》セミナーや情報提供のテキスト作成などの依頼《いらい》もたくさん来るようになりました。

仕事と育児や介護《かいご》の両立は自分の努力だけではなく、周囲の人に助けてもらうことで両立することができたと思います。

社労士として企業《きぎょう》の経営に加わる

開業当初、ライバルの少ない退職金・企業《きぎょう》年金の分野を得意として顧客《こきゃく》を増やしてきましたが、この退職金制度の改定は企業《きぎょう》の経営に大きな影響《えいきょう》を与《あた》えるので、徐々《じょじょ》に相談の範囲《はんい》が企業《きぎょう》の経営支援《しえん》や経営相談に広がっていきました。また、私は顧客《こきゃく》が困っていると、時には社労士の専門分野にこだわらず、必要な知識や情報を収集しながら解決の支援《しえん》をしてきたので、知らないうちに業務範囲《はんい》が拡大していきました。

開業して10年を超《こ》えるころになると、顧問先《こもんさき》から、親族以外の経営陣《じん》が必要ということで社外取締役《とりしまりやく》の就任依頼《いらい》があり、経営者の一人としてその会社を支援《しえん》するようになりました。また、一部上場の外食企業《きぎょう》からも、人事を専門とする女性の社外取締役《とりしまりやく》が必要とのことで、社外取締役《とりしまりやく》に就任することになりました。私はこの2社の社外取締役《とりしまりやく》に就任したことをきっかけに、社労士として企業《きぎょう》を支援《しえん》するだけではなく、人事労務を得意とする経営者の一人として企業《きぎょう》にかかわるようになりました。

その後、一部上場会社の社外取締役《とりしまりやく》として経営にたずさわるなかで、社内の人事部門を強化する必要があり、常務取締役《とりしまりやく》となり人事部門の責任者にもなりました。

今まで私は、社労士として顧問先《こもんさき》にアドバイスをしていましたが、人事を管掌《かんしょう》する取締役《とりしまりやく》になると顧問社労士のアドバイスを聞いて、実行する立場になりました。社労士としての経験と経営者や人事部門の責任者としての経験の両方をすることで、顧客《きゃく》が困ること、迷うことを実感することができ、社労士の業務にも活かすことができました。

私は、資格を取得したことで、子どもと家庭を大事にしながら、仕事をすることができたと思っています。両親の介護《かいご》は、資格を活かして介護《かいご》保険を活用し、逆に仕事にも介護《かいご》の経験を活かすことができました。

社労士は、社会保障や労働など、誰《だれ》もが生活者として必要な知識をもっている専門家です。だからこそ、子育ても、介護《かいご》も、生活にも活かすことができ、逆に自分の生活での経験を仕事に活かしながら、誰《だれ》かの役に立つことができる資格だと思います。私はこの資格に出合えてほんとうによかったと思っています。

3章

なるにはコース

適性と心構え

人のために行動でき、自分の言動に責任をもつ

どのような人が向いているか

どのような性格の人が社労士という職業に向いているかということについては、一概《いちがい》にはいえませんが、私の長年の経験と、これまでに知り合った多くの社労士を見てきて思う「社労士に向いている人」とは、つぎのような人です。

○真面目な人
○知ることをおもしろいと思える人
○勉強が苦にならない人
○「人」のために行動することができる人

しかし、社労士がかかわる業務は多岐《たき》にわたるので、その業務分野によって適性に違《ちが》い

もあります。つまり、自分が社労士としてどんな業務を中心に行うかで、適性も変わってきます。

・手続き業務を行う場合

○堅実《けんじつ》にコツコツと作業ができる人

○パソコンなどでの業務が苦手ではない人

・相談業務を行う場合

○コミュニケーション力が高い人

○状況把握《じょうきょうはあく》ができる人（現状の把握《はあく》と分析《ぶんせき》が客観的にできる人）

○説明力が高い人（相手にわかるように伝えることができる人）

・コンサルティング業務を行う場合

○分析力《ぶんせきりょく》が高い人

○発想力が豊かな人

○シミュレーションソフトを駆使《くし》するなどパソ

コンスキルが高い人

○説明力が高い人

また、学生であれば、文章が書くことが好きで、数学も苦手ではない人が向いています。学校の勉強であれば、国語と数学の両方が得意でバランス感覚のある人は適性があります。そして、友だちの相談にのってあげるタイプの人や人の気持ちがわかる人が社労士の素質があります。

社労士として大事な心構え

社労士は社会保険や労務に関する専門家であると同時に、お客さまへサービスを提供するサービス業でもあります。社労士として大事な心構えは、顧客《こきゃく》から「先生」といわれる職業であることを意識して、自分の仕事に責任をもつことです。

顧客《こきゃく》は社労士が言ったことを信じて行動します。社労士が間違《まちが》ったことを伝えるとその顧客《こきゃく》は間違《まちが》った行動をとり、その結果、法律に違反《いはん》し、その顧客《こきゃく》が処分されてしまうこともあります。そういった意味でも、社労士は自分の言動に責任をもって仕事をするという心構えが必要です。

そのためには、仕事や相手の話を真摯《しんし》に取り組む姿勢が大切です。また、責任をもった

めにはしっかりとした根拠《こんきょ》をもって対応するだけではなく、顧客《こきゃく》に貢献《こうけん》するという姿勢も必要です。

つまり顧客《こきゃく》に貢献《こうけん》するためには、事実をしっかりと理解して判断し、法律的な根拠《こんきょ》に基づいて対応策を考え、それを相手にわかるように説明して納得してもらうことです。すると、顧《こ》客《きゃく》は、社労士であるあなたの説明に共感し、提案された対応策を実施《じっし》して、その結果としてその顧客《こきゃく》の問題を解決することができます。

社労士をめざす人には、こうした心構えをぜひもってください。

社会保険労務士試験について

合格率は6~7%ほどのなかなか難しい試験

社会保険労務士は国家資格

社労士は、弁護士や税理士と同じように国が認める「国家資格」です。国家資格にもいろいろな資格がありますが、資格によって難易度も受験するための条件もさまざまです。国家資格は国の法律に基づいて、各分野の知識や能力が判定され、特定の職業に従事することが許される資格です。法律でその分野の社会的な地位が保障されるので、世間からの信頼性《しんらいせい》が高い資格です。そのぶん、資格を取るのが難しくなります。また、社労士は国家資格の中でも、弁護士や税理士などと同じように、法律で決められた社労士だけができる独占《どくせん》業務がある資格です。

社労士試験の内容

社労士になるには社労士試験に合格しなければなりません。まず、社労士試験の概要《がいよう》を説明します（2021年度現在）。試験の難易度は、弁護士や公認会計士、司法書士、税理士、弁理士ほどは難しくありませんが、近年の合格率は6〜7％ほどとなかなか難しい試験です。そして、社労士として仕事をするには、つぎの三つの条件を満たさなければなりません。

○社労士試験に合格
○2年以上の実務経験
○社会保険労務士会に登録

社労士になるには、社労士試験に合格することをめざします。社会保険労務士の試験は、1年に1回、8月最後の日曜日に実施《じっし》されます。試験の対象となる法律の範囲《はんい》が幅広《はばひろ》いのに、ほかの資格試験によくある科目合格がないことも特徴《とくちょう》です。

社労士試験の試験科目はつぎの8科目です。この試験科目には、6科目で八つの法律が対象となっていますが、そのほか「労務管理その他の労働に関する一般《いっぱん》常識」や「社会保険に関する一般《いっぱん》常識」の科目のなかにも八つの法律のほかの法律が試験範囲《はんい》になっていいます。また、この二つの一般《いっぱん》常識の科目では、法律だけではなく、労務管理と社会保険に関する一般《いっぱん》常識が問われます。

合格は、総合点で合格基準に達していることだけではなく、科目ごとに設定されている最低基準を8科目全科目で上回っていなければなりません。つまり、8科目中1科目でも最低基準を下回ると不合格となります。社労士試験は科目合格もなく一発勝負の試験で、かつ、すべての科目でまんべんなく点数が取れないと合格できない厳しい試験です。

受験資格

社会保険労務士試験を受験するためには、つぎのいずれかの受験資格を満たしていなければなりません。

1. 学歴
2. 実務経験
3. 指定の国家試験合格

主な受験資格はつぎの通りです。くわしくは、全国社会保険労務士オフィシャルサイト（全《ぜん》国《こく》社《しゃ》会《かい》保《ほ》険《けん》労《ろう》務《む》士《し》連《れん》合《ごう》会《かい》試験センター）http://www.sharosi-siken.or.jp/exam/shikaku.htmlで確認してください。

1．学歴

①大学・短期大学卒・高等専門学校などの卒業。

②大学在学中に62単位以上の卒業要件を満たした単位を修得、もしくは、一般《いっぱん》教養科目36単位以上を修得し、専門教育科目を含《ふく》め48単位以上の卒業要件を満たした単位を修得している

2．実務経験

①社労士事務所、社労士法人、弁護士事務所、弁護士法人のいずれかで業務の補助の事務経験が通算3年以上。

②国や地方公共団体の公務員として行政事務の経験が通算3年以上。

③特定地方独立行政法人、日本郵政公社の役員または職員として行政事務などの事務経験が通算3年以上（全国健康保険協会《ぜんこくけんこうほけんきょうかい》、日本年金機構《にほんねんきんきこう》などを含む）。

④労働組合の役員として労働組合の業務に専従、あるいは、一般企業《いっぱんきぎょう》などの役員として労務担当期間が通算3年以上。

⑤労働組合の職員あるいは一般企業《いっぱんきぎょう》などの従業員として、労働社会保険諸法令に関する事務経験が通算3年以上。

3．指定の国家試験合格。

図表9 社会保険労務士試験の試験科目・出題数・配点

試験科目	選択式 計8科目（配点）	択一式 計7科目（配点）
労働基準法及び労働安全衛生法	1問（5点）	10問（10点）
労働者災害補償保険法 （労働保険の保険料の徴収等に関する法律を含む。）	1問（5点）	10問（10点）
雇用保険法 （労働保険の保険料の徴収等に関する法律を含む。）	1問（5点）	10問（10点）
労務管理その他の労働に関する一般常識	1問（5点）	10問（10点）
社会保険に関する一般常識	1問（5点）	
健康保険法	1問（5点）	10問（10点）
厚生年金保険法	1問（5点）	10問（10点）
国民年金法	1問（5点）	10問（10点）
合　計	8問（40点）	70問（70点）

注1　択一式試験の「労働者災害補償保険法」および「雇用保険法」は、それぞれの問題10問のうち3問が「労働保険の保険料の徴収等に関する法律」から出題されます。

注2　選択式試験の「労働者災害補償保険法」および「雇用保険法」は、「労働保険の保険料の徴収等に関する法律」からの出題はありません。

出典：社会保険労務士試験オフィシャルサイトより作成

①行政書士試験に合格。

②司法試験予備試験（旧法による第一次試験、高等試験予備試験）に合格。

③社労士以外の国家資格のうち厚生労働大臣が認めた国家資格（79種類。司法書士、公認会計士、不動産鑑《かん》定《てい》士《し》、税理士、中小企業《きぎょう》診《しん》断《だん》士《し》など）。

残念ながら、社労士試験は高校を卒業してすぐに受験することができません。しかし、一般《いっぱん》企《き》業《ぎょう》や社労士事務所で3年以上の実務を経験することや受験するの

図表10 社会保険労務士試験の合格基準の考え方

選択式試験	①総得点	40点中	28点以上（満点の７割以上）
	②各科目	５点中	３点以上
択一式試験	③総得点	70点中	49点以上（満点の７割以上）
	④各科目	10点中	４点以上

出典：厚生労働省ホームページより作成

に学歴などの条件がない行政書士などの資格を取得した後であれば、受験することができます。

また、大学の卒業を待たずに在学中であっても、必要な単位を取得していれば、社労士試験を受験することができるので、大学3年生になると受験ができる人がいます。また、大学を中退していても必要な単位を取得していれば受験できます。

試験科目

試験科目と出題数と配点はつぎの通りです。試験は午前中に選択式《せんたくしき》（試験時間1時間20分）、午後に択一式《たくいっしき》（試験時間3時間30分）のマークシート方式で実施《じっし》されます。

選択式《せんたくしき》も択一式《たくいっしき》も8科目に分かれて出題されます。択一式《たくいっしき》の試験は試験問題用紙が60ページ以上にわたり全部で70問が出題されます。1問につき五つの選択肢《せんたくし》となっているので、試験問題と五つの選択肢《せんたくし》を読むだけでもかなりの時間が必要になります。そのため、時間配分を考えながら取り組まないと最後の問

図表11 合格者数と合格率の推移

回数	実施年	受験申込者数	受験者数	合格者数	合格率
1	1969（昭和44）年	23,705	18,611	2,045	11.0%
12	1980（昭和55）年	14,074	9,406	888	9.4%
22	1990（平成２）年	15,758	11,063	1,176	10.6%
32	2000（平成12）年	50,689	40,703	3,483	8.6%
42	2010（平成22）年	70,648	55,445	4,790	8.6%
47	2015（平成27）年	52,612	40,712	1,051	2.6%
52	2020（令和２）年	49,250	34,845	2,237	6.4%
53	2021（令和３）年	50,433	37,306	2,937	7.9%
54	2022（令和４）年	52,251	40,633	2,134	5.3%
55	2023（令和５）年	53,292	42,741	2,720	6.4%

出典：厚生労働省発表資料より作成

題まで回答できない人もいるようです。

合格基準・合格率

合格基準は、図表10の考え方が基本ですが、各年度の受験者の点数により、合格基準が多少調整され、その年の合格基準が決まります。

合格率はその年により多少違《ちが》いがあります。以前は10％程度の合格率の時もありましたが、最近は5〜7％程度となっています。１９６９（昭和44）年から実《じっ》施《し》されている社会保険労務士試験の受験者数・合格者数・合格率などは図表11の通りです。また、受験者数は景気が悪くなると増える傾向《けいこう》がありますが、最近は4万人前後となっています。

合格への道のり

受験勉強から試験に合格した後まで

試験の申《もう》し込《こ》みから受験まで

●4月中旬《ちゅうじゅん》　願書配布

社労士試験の受験要項《ようこう》は毎年4月中旬ごろに官報で発表され、願書の配布が始まります。願書を郵送で請求《せいきゅう》する場合は全国社会保険労務士会連合会試験センター（以下、「試験センター」）で申《もう》し込《こ》めます。また、窓口で受け取る場合は試験センターあるいは各都道府県にある社会保険労務士会で受け取れます。

●5月末　願書締《し》め切《き》り

受験の申《もう》し込《こ》みは願書に必要事項《じこう》を記載《きさい》し、卒業証明書などの必要書類をそろえて、郵送またはインターネットで申《もう》し込《こ》みをします。願書の受付は5月31日までとなっています。

ただし、郵送の場合は5月31日の消印有効ですが、インターネットでの申し込みの場合は最終日5月31日の23：59までにインターネット上ですべての手続きが完了した分まで受け付けされます。

●8月下旬《げじゅん》　試験日

8月はじめに受験票が届き、試験日は通常8月の第4日曜日に行われます。ただし、年によっては変更《へんこう》される場合もあります。試験は19都道府県の試験会場で行われます。

試験科目の免除《めんじょ》

社労士試験では、一定の実務経験などがあれば、8科目の試験科目のうちの一部の科目について、試験が免除《めんじょ》されます。ただし、免除《めんじょ》資格をもっていても、実務経験があり、その科目で高得点が見込《みこ》めれば総合点を押《お》し上《あ》げることができるので、敢《あ》えて免除《めんじょ》を受けず受験する人もいます。

受験勉強

●勉強時間と勉強期間

社労士試験に合格するのに必要な勉強時間の目安はおよそ800〜1000時間といわ

れています。ただし、勉強しなければならない試験科目数が多いのに1年に1度の一発勝負なのに加え、1科目でも最低基準に達しなければ合格できず、全科目まんべんなく勉強をしなければなりません。そのため、試験の合格には各科目の理解だけではなく、勉強の仕方や試験当日のコンディションも大きく影響《えいきょう》します。

受験勉強を始めてから合格までの期間は、1年で合格する人もいますが、2〜3年で合格する人が多いようです。また少ないですが学生の合格者もいます。全体的には6割近くが会社員で、年齢《ねんれい》は20代後半から60歳《さい》まで幅広《はばひろ》い年齢《ねんれい》の人が合格しています。ただ、なかには、およそ500時間程度の勉強時間で半年から1年弱で合格する人もいます。

勉強の方法(独学・通信教育・通学)

受験勉強の方法は、独学、ウェブも含《ふく》めた通信教育、受験学校への通学などがあります。自分の環境《かんきょう》や状況《じょうきょう》に合わせて勉強方法を選びます。

●独学

独学は、意志の強い人で、ある程度勉強慣れ、試験慣れをしている人が向いています。勉強の仕方としては、参考書などを使って内容を理解し、過去問題に取り組み、合格点まで取れるようにしていきます。途中《とちゅう》、思うように点数が伸《の》びない時や、苦手科目を克服《こくふく》できない時に挫折《ざせつ》する場合が多いようです。

●通信教育

ウェブを利用した講座を含《ふく》めた通信教育による勉強方法です。独学に比べると各教育機関が合格に向けて効果的な授業やテキストとスケジュールを提示するので勉強しやすくなっています。ウェブや通信教育は場所や時間を問わないので、仕事をしている人や教育機関へ行くのが大変な人などは通信教育が向いています。ただし、独学ほどではありませんが、勉強が思うように進まない時には断念しやすくなるようです。

●通学

社労士受験講座のある教育機関へ通学して勉強をする方法です。通学の場合は勉強のペースが作りやすいですが、ほかの勉強方法に比べて費用が高くなります。また、教育機関へ通学する時間の確保が大変で、通学を断念する場合もあるようです。

しかし、質問ができることや直接、社労士業務を行っている講師の話を聞くことで、社労士の仕事のおもしろさなどを感じる人もいるようです。また、勉強仲間ができることも通学のメリットです。試験合格後も含《ふく》めて、いろいろな人と出会う機会にもなります。

いろいろな合格までの道のり

●学生の場合

社労士試験は試験勉強に慣れている大学生に向いています。社労士試験は覚えることが多く、大学受験で試験慣れをしている人のほうが合格しやすいと思います。

たとえば、大学2年生から1年計画で勉強して大学3年生の夏に受験をします。就職活動で受験直前の8月に勉強が思うようにできずに合格できなかった場合は、就職活動が終わった大学4年生の8月に再度受験してもよいと思います。もちろん、社労士資格をとって社労士事務所や社労士法人で資格を活かす方法もありますが、一般企業《いっぱんきぎょう》に就職しても勉強した知識を活かすことができますし、転職をする時にも有利に働きます。ただし、受験勉強は継続《けいぞく》して勉強したほうが効果があるので、就職後に改めて受験するのは社会人として仕事や生活に慣れるのが大変で余裕《よゆう》もなく難しいかもしれません。

●会社員が受験する場合

社労士試験の合格者をみると6割近くの人が会社員です。残業や休日出勤が少ない会社に勤めている人であればいいですが、仕事が忙《いそが》しい職場で勉強をするのは大変です。何かをきっかけに社労士試験の勉強を始めても、仕事が忙《いそが》しいなどの理由で、途中《とちゅう》で挫折《ざせつ》、あるいは中断をした経験をしている人も多くいます。途中《とちゅう》で挫折《ざせつ》した人のなかで、再度奮起して勉強をし直して、仕事をしながらも時間を確保し、しっかり勉強をして受験する人もいます。それでも、勉強する科目数が多いことや最低基準があることで合格までには1回から3回はかかる場合が多くなっています。人によっては最後には会社を辞めて勉強に集中して合格をめざす人もいます。

試験合格後

社労士試験に合格し、実際に社労士として仕事をするには全国にある社会保険労務士会《しゃかいほけんろうむしかい》(以下、社労士会)に登録料を払《はら》って登録する必要があります。登録には2年以上の実務経験が必要ですが、この経験がなくても、社労士会主催《しゅさい》の事務指定講習を受けると実務経験の代わりにすることができます。

社労士会への登録は、「開業登録」と「勤務等登録」があります。自分の名前で社労士としての仕事をする時には開業登録をします。また、一般企業《いっぱんきぎょう》の人事部などや社労士事務所に勤務する社労士は勤務等登録をします。ただし、会社や事務所の従業員の場合は勤務社労士として登録しなくても、勤務している会社や事務所の従業員として社労士の業務をすることはできます。また、勤務社労士に登録しても自分の会社や事務所以外に社労士業務をすることはできません。しかし、勤務社労士の登録をすると会社のなかで社労士を名乗れて、自分の名前で仕事をすることができます。

登録には、登録費用として、登録免許税《めんきょぜい》、手数料、社労士会への入会金・年会費が必要です。「開業登録」と「勤務等登録」では、入会金・年会費が異なり、また、各都道府県の社労士会によっても違《ちが》いがあります。そのほか、開業も勤務もしない場合でも登録をすることができます。ただし、「その他登録」をしても社労士業務はできませんが、社労士を名乗ることはできます。

就職の実際

独立開業、社労士事務所、企業の人事部など

独立開業する

社労士の資格を取れば、社労士の資格を活かして独立開業することができます。実際に独立開業した人たちの経歴を見ると、

・過去に社労士に関係する業務の経験があり、資格を取得したので独立する人
・社労士事務所等で経験を積んだので独立する人
・実務の経験がなくても、資格を取得したこの機会に独立する人

などに分かれます。社労士は弁護士や税理士と違《ちが》い、実務経験がなくても、実務経験2年分にあたる、社労士会が実施《じっし》する事務指定講習を受講すると社労士登録ができ、すぐに独立することができます。

独立した場合、知識や経験があっても、顧客《こきゃく》を獲得《かくとく》しなければ仕事をすることができません。社労士事務所や社労士法人で勤務していた人であれば、顧客《こきゃく》に対してどのように営業すればよいかを身近にみていると思いますが、そのほかの場合はどのように営業をするのかを考えます。

まず、開業あいさつやホームページの作成など独立開業したことを周囲の人に知ってもらうことから始めます。また、開業する場所も自宅で始める場合のほか、事務所を借りる場合もあります。ただ、最初は初期費用を抑《おさ》えるためにも自宅開業で始め、仕事が増えて事業規模が大きくなってきたら事務所を借りるケースが多いようです。開業する時は、業務に最低限必要なパソコンやプリンター、コピー機、電話などを準備します。開業当初は社労士会への登録や開業の案内や周知するためにかかる費用、備品や消耗品《しょうもうひん》の購入《こうにゅう》にかかる費用、営業活動をするための交通費等の事業資金の準備のほか、十分な収入が得られるまでの生活費の資金も準備しておきます。最初はなかなか高収入を得られないので、小さな仕事でも、仕事の種類を問わず経験するなかで、その仕事ぶりが認められれば、違《ちが》う仕事を依頼《いらい》してくれたり、ほかのお客さんを紹介《しょうかい》してくれたりするようになります。最近はホームページやSNSを上手に活用して自分の仕事ぶりや得意を営業する人もいます。

社労士の業務範囲《はんい》は広く、わかりにくいので、同業者や異業種の士業などとの付き合い、ネットワークを上手《じょうず》に活用することで仕事を円滑に進めていく人も多くいます。また、最初のうちは、年金や労働保険の相談員などの行政機関の行政協力を積極的に行い、同業者や行政、お客さまとなる企業《きぎょう》と出会う機会を増やし、経験を積んで仕事を増やしていく人もいます。

社労士事務所や社労士法人に就職する

大学在学中に社労士の資格を取得し、新卒で社労士事務所や社労士法人に就職する人はあまりいません。また、税理士などほかの士業と比べると合格までの受験期間が長期化しないので、社労士事務所で働いている受験生はあまり多くいません。社労士事務所に就職している勤務社労士は、会社に勤めながら資格を取得した後、社労士事務所や社労士法人に転職している場合が多いようです。

社労士事務所などの人材募集《ぼしゅう》の理由は事業拡張や受注増加による増員の場合と退職者の補充《ほじゅう》の場合があります。募集《ぼしゅう》の時期は退職者の補充《ほじゅう》や受注増加のタイミングに合わせて募《ぼ》集《しゅう》をするので時期はさまざまです。しかし、傾向《けいこう》としては、8月の社労士試験終了《しゅうりょう》後から募集《ぼしゅう》が活発になります。

社労士事務所は社会保険手続きとともに給与《きゅうよ》計算業務を受託《じゅたく》している場合があります。

その場合、年末は通常の給与《きゅうよ》計算の業務のほか、年末調整に関する業務や賞与《しょうよ》の支給なども重なり繁忙期《はんぼうき》となるために求人の募集《ぼしゅう》が増えます。11月には社労士試験の合格発表があるので、その後に求職活動をする人が増えることもあり、事業拡大などによる増員の場合はこの時期に求人募集《ぼしゅう》が多くみられます。

また、社労士事務所の求人は資格をもっている人だけではなく、受験生や人事労務での経験がある人の募集《ぼしゅう》もあります。資格がなくても、応募《おうぼ》する時には実務経験や受験勉強中だと有利になります。受験生にとって社労士事務所で働くことは、実務が経験できて、受験勉強に有利になり、また、試験合格後に独立開業する場合の実務経験を積むことができます。

一般企業《いっぱんきぎょう》の人事部門に就職する

一般企業《いっぱんきぎょう》の人事部門に社労士の資格を活かして就職する場合があります。人事部門の採用募集《ぼしゅう》では社会人経験がない新卒を募集《ぼしゅう》することはあまりありません。しかし、中途《ちゅうと》採用の募集《ぼしゅう》は比較的《ひかくてき》多くあります。

会社のなかで人事や労務の部署は、将来、その会社の経営者になる見込《みこ》みのある人が経験したほうがよい部署と考える企業《きぎょう》もあります。つまり、会社にとって人事・労務の仕事は重要だと考えているということです。そして、専門的な知識が必要な部署ですが、会社全体のなかで人事部門の業務を経験している人はわずかです。このようななか、人事部門が担う業務は増えるばかりなので、人事部門の採用募集《ぼしゅう》が多くなってきています。しかし、人事労務の実務経験をしている人が少ないのに、採用募集《ぼしゅう》が多いので、一般《いっぱん》企業《きぎょう》に応募《おうぼ》するには、実務経験がなくても、社労士の資格をもっていることが強みとなります。入社後、人事・労務の部署は業務を行う上で専門的な知識が必要になる場合が多いので、社労士試験で勉強した知識を活かすことができます。

健康保険組合や日本年金機構などに就職する

資格を活かして就職する先として、一般《いっぱん》企業《きぎょう》の人事や労務の部署でなく、社労士に関係する専門的な業務を行う行政機関や特殊《とくしゅ》法人があります。たとえば、健康保険組合や日本年金機構、企業《きぎょう》年金基金などです。そのほか、高齢《こうれい》・障害・求職者雇用《こよう》支援《しえん》機構などの厚生労働省関連の独立行政法人など、社会保険や労働関係の業務を行う組織での求人もいろいろあります。

行政などの公益性が高い組織の求人は4月などの年度初めに向けての募集《ぼしゅう》が多くなっています。社労士の資格をもっていることは採用に有利に働きます。また、業務に従事するにあたり、基本的な知識があることが役立ちます。

隣接《りんせつ》士業（会計・税理士事務所など）に就職する

社労士の資格は、社労士の業務と隣接《りんせつ》する会計事務所や税理士事務所、コンサルティング会社などで役立つこともあります。

会計事務所や税理士事務所では、会社の収支、税務申告や給与《きゅうよ》計算などを行うなかで、従業員の社会保険の手続きやその保険料のこと、従業員の給与《きゅうよ》の決め方などの相談に発展することもあります。つまり、顧客《こきゃく》が会社であれば、その会社で働く人に関する社会保険や労務、労務管理の問題が生じ、専門家である社労士の知識や資格があれば、顧客《こきゃく》に対して広範囲《こうはんい》の業務を提供できるわけです。

このように、税務・会計事務所でも社労士の資格を活かして仕事をすることができる場合があります。

いっしょにもつと有利な資格

二つあわせるとさらに仕事の範囲が広がる

ファイナンシャルプランナー～相談の幅《はば》と質を上げたい～

社労士の資格とファイナンシャルプランナーの資格をあわせてもつと社会保険や労務だけでなく、税金やお金に関する全般の知識をもつことができます。この知識は給与《きゅうよ》計算などにも役立ちますが、お金に関する知識があることで、従業員や経営者からの幅《はば》広《ひろ》い相談に対応することができるようになります。

中小企業《きぎょう》診断《しんだん》士《し》～人事コンサルティングの幅《はば》と質を上げたい～

社労士の資格に中小企業診断士《きぎょうしんだんし》の知識が加わることで企業《きぎょう》経営や組織を理解することができ、法律面だけではなく、企業《きぎょう》経営からみた人事や評価、賃金制度などを構築することができます。会社に効果の高いコンサルティングができるようになるのが魅力《みりょく》です。

行政書士～会社で必要な手続きがワンストップ～

行政書士と社労士の資格をもっていると会社が役所へ提出する書類の作成や提出代行できることがとても増えます。たとえば、会社登記から許認可の申請《しんせい》まででき、従業員に関する社会保険などの手続きはもちろん、幅広《はばひろ》い手続きができます。

また、手続きだけではなく法律知識も幅広《はばひろ》くもつので相談の質も上がります。お客さんからみると業務範囲《はんい》も広く、そして相談から手続きまでワンストップで対応してもらえます。

年金アドバイザー～複雑な年金の実務を得意としたい～

年金アドバイザーは、社労士と比べると年金の給付に関する「実務」の知識を得ることができます。また、この資格をもっていると社労士のなかでも年金にくわしいということがわかります。また、社労士の勉強をしている人であれば、比較的《ひかくてき》スムーズに勉強をして資格を取得することができます。

DCプランナー～難しい企業《きぎょう》年金・退職金制度改定を得意としたい～

DCプランナーの「DC」は「Defined Contribution」、つまり「確定拠出《きょしゅつ》年金」のことです。しかし、このDCプランナーは確定拠出《きょしゅつ》年金だけにくわしい専門家ではなく、企業《きぎょう》年金制度全般《ぜんぱん》にわたる専門的な知識が習得できる資格です。また、確定拠出《きょしゅつ》年金は個人が年金資産を運用するので、投資やライフプランに関する知識まで勉強します。ただ、この資格は関連する資格や銀行などの金融《きんゆう》機関での経験なくして合格するのは難しいかもしれません。

社労士がDCプランナーの資格をもっていると、必要な専門知識が多岐《たき》にわたる難しい企業《きぎょう》年金・退職金制度の改定を得意とすることができます。また、退職金・企業《きぎょう》年金の制度改定は、金融《きんゆう》機関ではなく企業《きぎょう》の立場に立ってアドバイスができる人が少ないので希少価値があります。

フローチャート　社会保険労務士

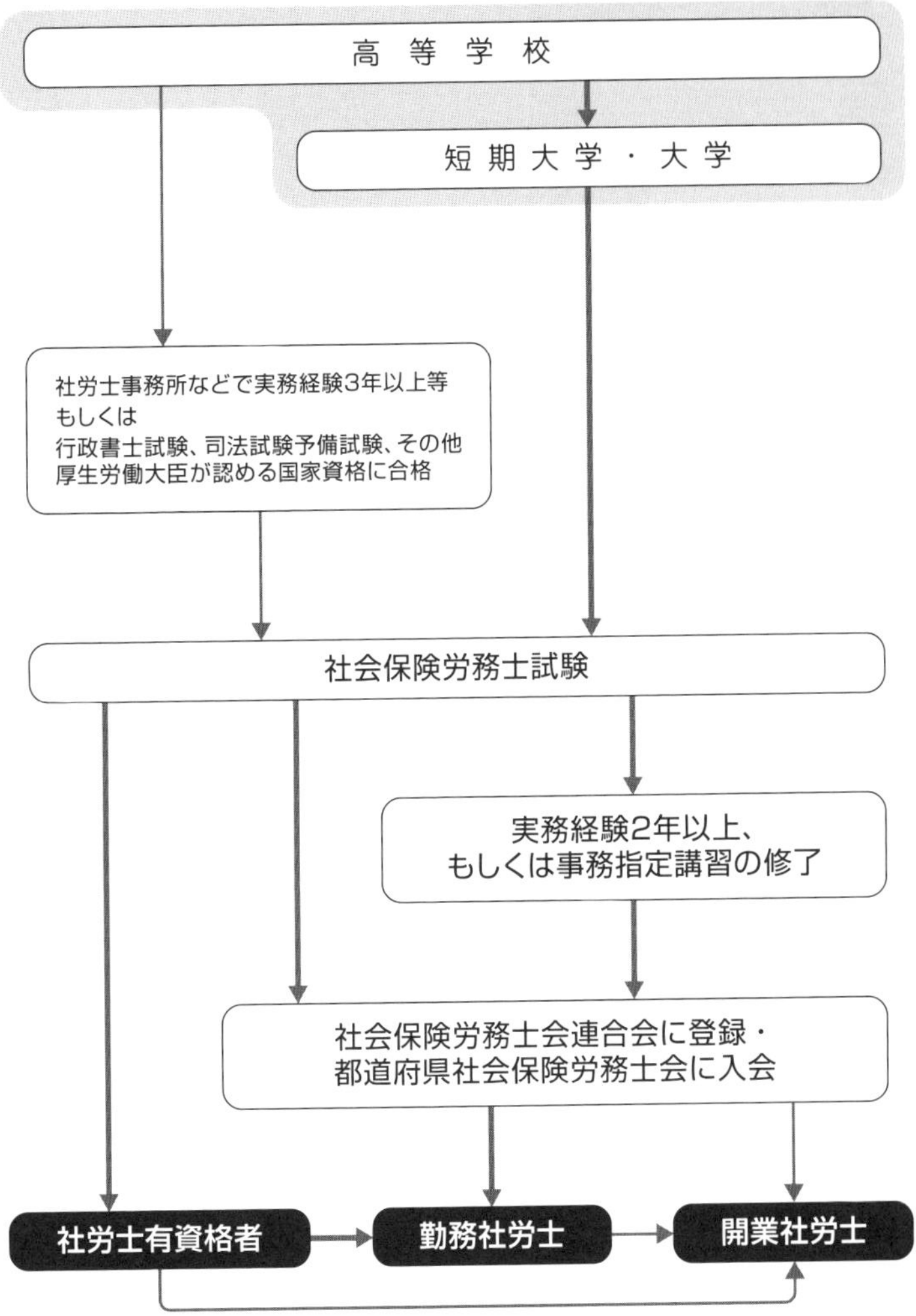

なるにはブックガイド

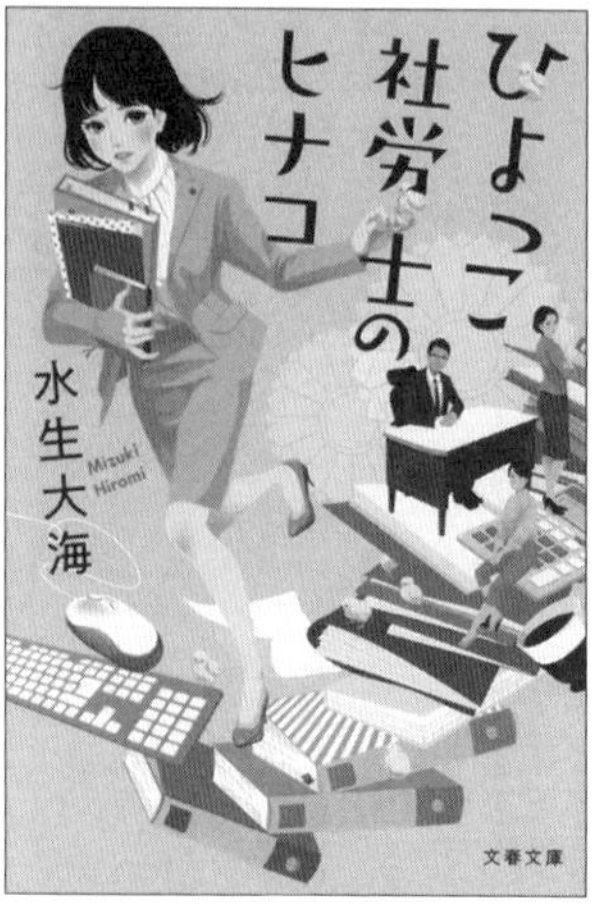

『ひよっこ社労士のヒナコ』

水生大海著
文春文庫

主人公の新米社労士の「ヒナコ」が社労士事務所で体験する具体的な6つのドラマを通じて、世間からあまり知られていない社労士の仕事をリアルにイメージをすることができる1冊。社労士の私自身も「あるある」と思わず言ってしまった、社労士の仕事をイメージするのによい本。

『労働基準法のあらまし』

厚生労働省　東京労働局著

全国の各労働局で製作されている少し専門的な「労働基準法」に関する実務を解説する冊子。現在はインターネット上で閲覧することができる。労働者の保護を目的に労働条件の最低基準など重要なルールを決めている労働基準法について、実務で必要な解釈や情報をわかりやすく解説している。社労士でなくても、実務で人事・労務にたずさわる人にもよい冊子。

『知っておきたい働くときの基礎知識―社会に出る君たちへ―』

全国社会保険労務士会連合会　著・発行

学生時代に学校では社会で働くときに知っておくべき具体的なことを教わる機会が少ない中、働く上で必要な一般的な会社のルールや法律の知識を高校生にもわかるようにまとめている。入社から退職までの流れ、給与のしくみ、労働時間、休み方や社会保障のしくみまで基本のキホンを知るのによい冊子。高校生でなくても今更聞きにくい働く上での常識がわかりやすく書かれている。

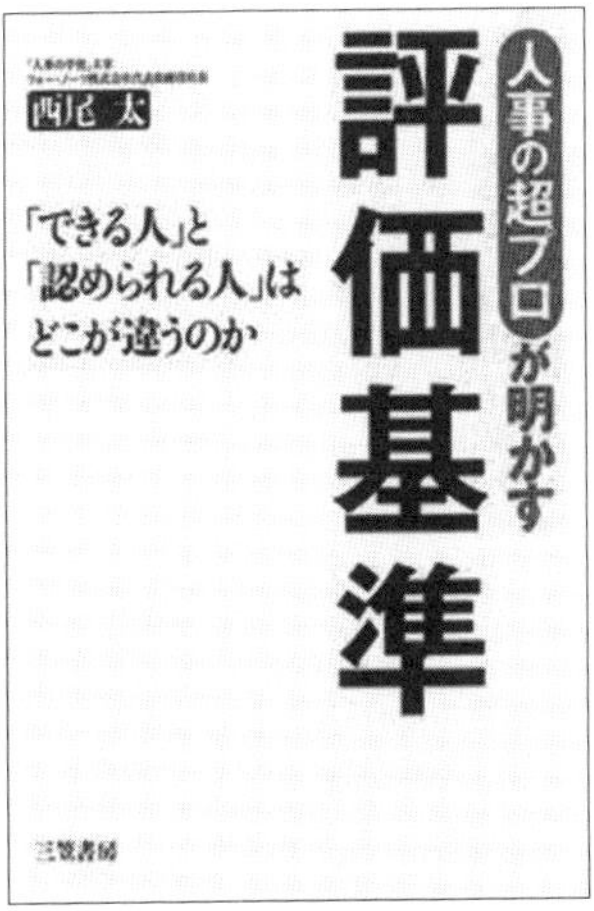

『評価基準』

西尾 太著

三笠書房

企業の人事部長を歴任し、現在は人事コンサルタントの著者が評価基準の明確化が人材育成と企業の成長につながることを伝えている。また、企業側だけではなく、働く側に向けて会社が評価するポイントを解説している。具体的にキャリアステージに応じた普遍的で具体的な評価基準も書かれている。社労士をめざす人が人事・評価の本質や重要性を知るのによい1冊。

職業MAP！　興味があるのはどの仕事？

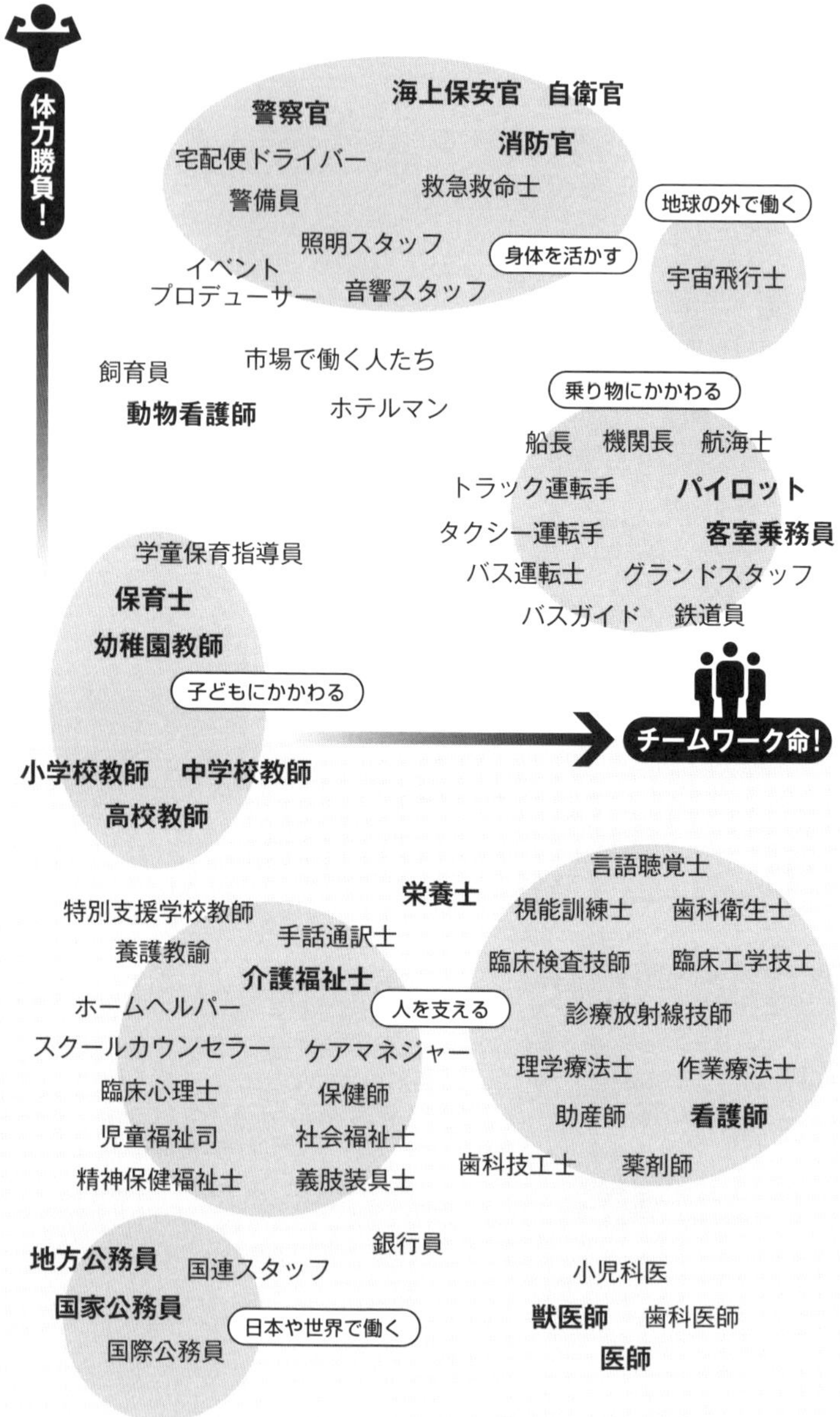
体力勝負！
チームワーク命！
警察官
海上保安官
自衛官
消防官
宅配便ドライバー
救急救命士
警備員
照明スタッフ
身体を活かす
イベントプロデューサー
音響スタッフ
地球の外で働く
宇宙飛行士
飼育員
市場で働く人たち
動物看護師
ホテルマン
乗り物にかかわる
船長
機関長
航海士
トラック運転手
パイロット
タクシー運転手
客室乗務員
バス運転士
グランドスタッフ
バスガイド
鉄道員
学童保育指導員
保育士
幼稚園教師
子どもにかかわる
小学校教師
中学校教師
高校教師
言語聴覚士
栄養士
特別支援学校教師
視能訓練士
歯科衛生士
手話通訳士
養護教諭
臨床検査技師
臨床工学技士
介護福祉士
人を支える
ホームヘルパー
診療放射線技師
スクールカウンセラー
ケアマネジャー
理学療法士
作業療法士
臨床心理士
保健師
助産師
看護師
児童福祉司
社会福祉士
歯科技工士
薬剤師
精神保健福祉士
義肢装具士
銀行員
地方公務員
国連スタッフ
小児科医
国家公務員
獣医師
歯科医師
日本や世界で働く
国際公務員
医師

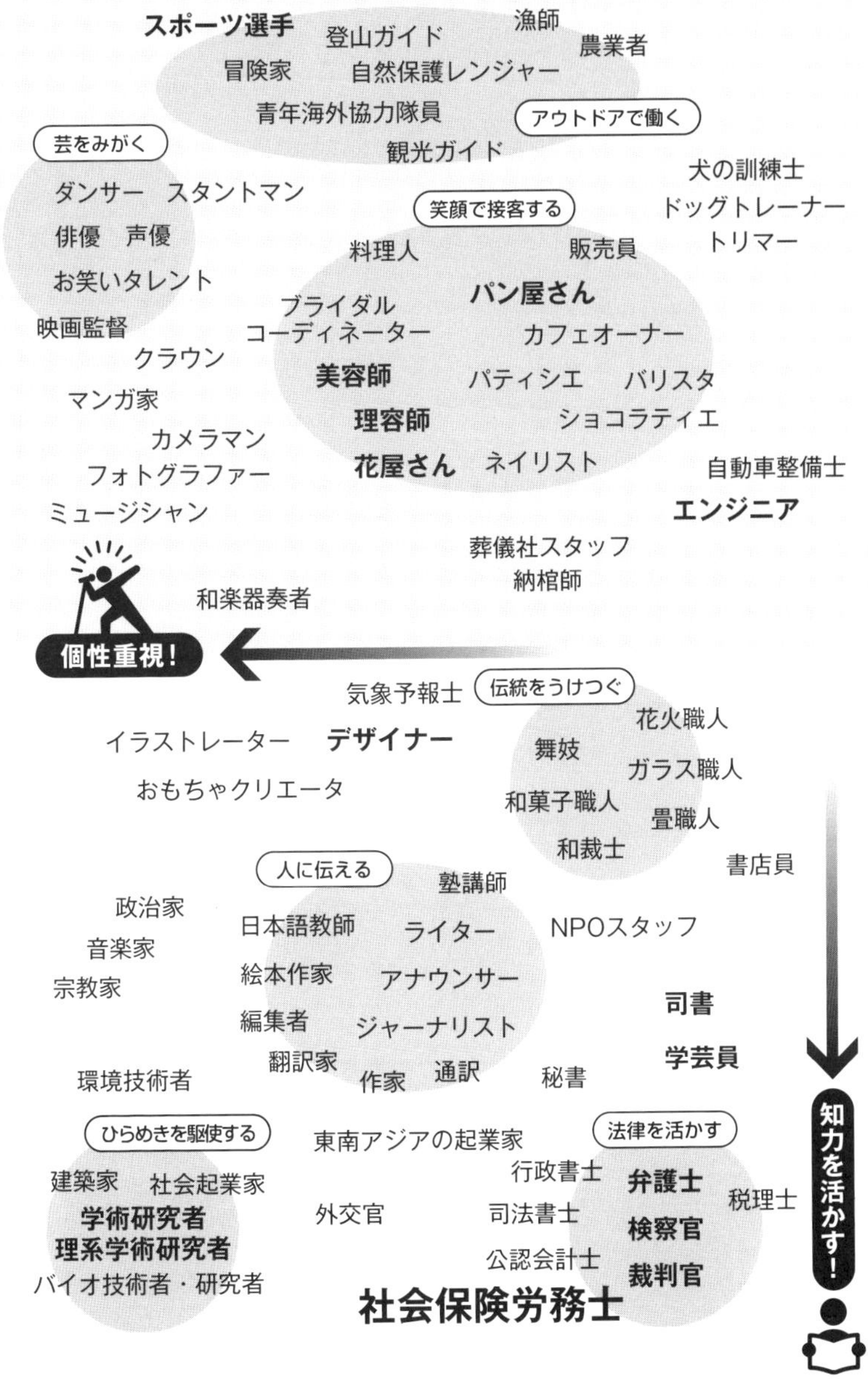
アウトドアで働く
スポーツ選手
登山ガイド
漁師
農業者
冒険家
自然保護レンジャー
青年海外協力隊員
観光ガイド
芸をみがく
ダンサー
スタントマン
俳優
声優
お笑いタレント
映画監督
クラウン
マンガ家
カメラマン
フォトグラファー
ミュージシャン
和楽器奏者
犬の訓練士
ドッグトレーナー
トリマー
笑顔で接客する
料理人
販売員
パン屋さん
ブライダル
コーディネーター
カフェオーナー
美容師
パティシエ
バリスタ
理容師
ショコラティエ
花屋さん
ネイリスト
自動車整備士
エンジニア
葬儀社スタッフ
納棺師
個性重視！
気象予報士
伝統をうけつぐ
花火職人
舞妓
ガラス職人
和菓子職人
畳職人
和裁士
イラストレーター
デザイナー
おもちゃクリエータ
書店員
人に伝える
塾講師
政治家
日本語教師
ライター
NPOスタッフ
音楽家
絵本作家
アナウンサー
宗教家
司書
編集者
ジャーナリスト
学芸員
翻訳家
通訳
作家
秘書
環境技術者
ひらめきを駆使する
東南アジアの起業家
法律を活かす
建築家
社会起業家
行政書士
弁護士
税理士
学術研究者
理系学術研究者
外交官
司法書士
検察官
公認会計士
裁判官
バイオ技術者・研究者
社会保険労務士
知力を活かす！

［著者紹介］

池田直子（いけだ なおこ）

社会保険労務士事務所 あおぞらコンサルティング所長／特定社会保険労務士
大手損害保険会社勤務後、社会保険労務士、CFP、DCプランナー等の資格を取得し、「いけだFP社会保険労務士事務所」を開所。その後、人事コンサルティング会社を設立し、専門性をより高めるために、2008年「あおぞらコンサルティング」を設立。人事・賃金・退職金制度コンサルティングをはじめ、就業規則の作成や人事・労務の相談等を多数手がける。2015年には2社の社外取締役、翌年には(株)王将フードサービス常務取締役として人事部門の責任者を務める。主な著書（いずれも共著）に『個人事業のはじめ方がすぐわかる本』（成美堂出版）、『FPの知恵袋』（ビーケイシー）。金融広報中央委員会のサイト「知るぽると」では企業年金について執筆。また、日本経済新聞「家計のギモン」での連載や「離れて暮らす親に介護が必要になったときに読む本」（角川SSCムック）にて監修協力など、雑誌の執筆・監修を数多く手掛ける。
社会保険労務士事務所あおぞらコンサルティング
ホームページ https://www.sr-aozora.biz

社《しゃ》会《かい》保《ほ》険《けん》労《ろう》務《む》士《し》になるには

2021年12月25日 初版第1刷発行
2024年 5月25日 初版第2刷発行

著　者　池田直子
発行者　廣嶋武人
発行所　株式会社ぺりかん社
〒113-0033 東京都文京区本郷1-28-36
TEL 03-3814-8515（営業）
03-3814-8732（編集）
http://www.perikansha.co.jp/
印刷所　株式会社太平印刷社
製本所　鶴亀製本株式会社

ISBN978-4-8315-1602-2 Printed in Japan

【なるにはBOOKS】ラインナップ　税別価格 1170円〜1700円

❶——パイロット
❷——客室乗務員
❸——ファッションデザイナー
❹——冒険家
❺——美容師・理容師
❻——アナウンサー
❼——マンガ家
❽——船長・機関長
❾——映画監督
❿——通訳者・通訳ガイド
⓫——グラフィックデザイナー
⓬——医師
⓭——看護師
⓮——料理人
⓯——俳優
⓰——保育士
⓱——ジャーナリスト
⓲——エンジニア
⓳——司書
⓴——国家公務員
㉑——弁護士
㉒——工芸家
㉓——外交官
㉔——コンピュータ技術者
㉕——自動車整備士
㉖——鉄道員
㉗——学術研究者(人文・社会科学系)
㉘——公認会計士
㉙——小学校教諭
㉚——音楽家
㉛——フォトグラファー
㉜——建築技術者
㉝——作家
㉞——管理栄養士・栄養士
㉟——販売員・ファッションアドバイザー
㊱——政治家
㊲——環境専門家
㊳——印刷技術者
㊴——美術家
㊵——弁理士
㊶——編集者
㊷——陶芸家
㊸——秘書
㊹——商社マン
㊺——漁師
㊻——農業者
㊼——歯科衛生士・歯科技工士
㊽——警察官
㊾——伝統芸能家
㊿——鍼灸師・マッサージ師
51——青年海外協力隊員
52——広告マン
53——声優
54——スタイリスト
55——不動産鑑定士・宅地建物取引士
56——幼稚園教諭
57——ツアーコンダクター
58——薬剤師
59——インテリアコーディネーター
60——スポーツインストラクター
61——社会福祉士・精神保健福祉士
62——中小企業診断士
63——社会保険労務士
64——旅行業務取扱管理者
65——地方公務員
66——特別支援学校教諭
67——理学療法士
68——獣医師
69——インダストリアルデザイナー
70——グリーンコーディネーター
71——映像技術者
72——棋士
73——自然保護レンジャー
74——力士
75——宗教家
76——CGクリエータ
77——サイエンティスト
78——イベントプロデューサー
79——パン屋さん
80——翻訳家
81——臨床心理士
82——モデル
83——国際公務員
84——日本語教師
85——落語家
86——歯科医師
87——ホテルマン
88——消防官
89——中学校・高校教師
90——愛玩動物看護師
91——ドッグトレーナー・犬の訓練士
92——動物園飼育員・水族館飼育員
93——フードコーディネーター
94——シナリオライター・放送作家
95——ソムリエ・バーテンダー
96——お笑いタレント
97——作業療法士
98——通関士
99——杜氏
100——介護福祉士
101——ゲームクリエータ
102——マルチメディアクリエータ
103——ウェブクリエータ
104——花屋さん
105——保健師・養護教諭
106——税理士
107——司法書士
108——行政書士
109——宇宙飛行士
110——学芸員
111——アニメクリエータ
112——臨床検査技師
113——言語聴覚士
114——自衛官
115——ダンサー
116——ジョッキー・調教師
117——プロゴルファー
118——カフェオーナー・カフェスタッフ・バリスタ
119——イラストレーター
120——プロサッカー選手
121——海上保安官
122——競輪選手
123——建築家
124——おもちゃクリエータ
125——音響技術者
126——ロボット技術者
127——ブライダルコーディネーター
128——ミュージシャン
129——ケアマネジャー
130——検察官
131——レーシングドライバー
132——裁判官
133——プロ野球選手
134——パティシエ
135——ライター
136——トリマー
137——ネイリスト
138——社会起業家
139——絵本作家
140——銀行員
141——警備員・セキュリティスタッフ
142——観光ガイド
143——理系学術研究者
144——気象予報士・予報官
145——ビルメンテナンススタッフ
146——義肢装具士
147——助産師
148——グランドスタッフ
149——診療放射線技師
150——視能訓練士
151——バイオ技術者・研究者
152——救急救命士
153——臨床工学技士
154——講談師・浪曲師
155——AIエンジニア
156——アプリケーションエンジニア
157——土木技術者
158——化学技術者・研究者
159——航空宇宙エンジニア
160——医療事務スタッフ
161——航空整備士
162——特殊効果技術者
補巻18　東南アジアで働く
補巻19　魚市場で働く
補巻20　宇宙・天文で働く
補巻21　医薬品業界で働く
補巻22　スポーツで働く
補巻23　証券・保険業界で働く
補巻24　福祉業界で働く
補巻25　教育業界で働く
別巻　レポート・論文作成ガイド
別巻　中高生からの防犯
別巻　会社で働く
別巻　中高生の防災ブック
高校調べ　総合学科高校
高校調べ　農業科高校
高校調べ　商業科高校
高校調べ　理数科高校
高校調べ　国際学科高校
教科と仕事　英語の時間
教科と仕事　国語の時間
教科と仕事　数学の時間
教科と仕事　理科の時間
学部調べ　法学部
学部調べ　経営学部・商学部
学部調べ　経済学部
—— 以降続刊 ——

※一部品切・改訂中です。　2024.6.